21世纪应用型本科金融系列规划教材

U0656652

投资银行实验教程

Touzi Yinhang Shiyan Jiaocheng

孙 林 黄锦英 齐秀文 主 编

刘 露 李宇明 曹胜利 副主编

东北财经大学出版社 大连
Dongbei University of Finance & Economics Press

图书在版编目（CIP）数据

投资银行实验教程 / 孙林，黄锦英，齐秀文主编. —大连：东北财经大学出版社，2024.2
（21世纪应用型本科金融系列规划教材）
ISBN 978-7-5654-5138-6

Ⅰ．投… Ⅱ．①孙… ②黄… ③齐… Ⅲ．投资银行-银行理论-高等学校-教材 Ⅳ．F830.33

中国国家版本馆CIP数据核字（2024）第019934号

东北财经大学出版社出版
（大连市黑石礁尖山街217号 邮政编码 116025）
网 址：http://www.dufep.cn
读者信箱：dufep@dufe.edu.cn

大连图腾彩色印刷有限公司印刷 东北财经大学出版社发行
幅面尺寸：160mm×230mm 字数：10.5千字 印张：8.25 插页：1
2024年2月第1版 2024年2月第1次印刷
责任编辑：田玉海 责任校对：刘贤恩
封面设计：张智波 版式设计：原 皓
定价：30.00元

编委会

前　言

　　党的二十大报告指出，"加快建设教育强国""办好人民满意的教育"。实验教学适应了当今高等教育深化改革的要求，虚拟仿真实验课程建设在我国高校广泛开展，已成为高校实验课程改革的新方向。传统实验课程内容和实验流程固化，学生只需按图索骥，观察实验结果，供学生自我探索的空间不大，这影响了学生主动学习的积极性和创新实践性。因此，编者从真实的投资银行业务环境和真实的投资项目出发，编写本书，以解决真实工作场景中的问题为导向，打破学科知识边界，实现高阶技能培养目标，促使学生参加工作后无须接受过多专业能力培训即可胜任投资决策等投资银行相关工作。

　　本书的特色在于，编者基于天择投资银行业务虚拟仿真实验教学系统，结合投资银行的基本理论知识，按照实务中基金募集、项目投资、项目投后管理、项目退出等流程，有针对性地设计了七个子实验。七个子实验的有机结合，系统构成了一个完整的投资业务虚拟仿真体系。特别是，以真实的投资银行业务项目组成项目池，基于真实的财务数据和经营数据，虚拟仿真投资决策全流程，使学生能在系统中自主募集资金，自由选择投资项目，进行投后管理，自主选择退出时间点，完成投资决策投资银行业务全流程，从而达到理论与实践相结合、真实与虚拟仿真相结合、自主性与合规性相结合，进而使得本实验教材呈现出显著的创新性。

本书由湖南财政经济学院孙林、兴义民族师范学院黄锦英、昌吉学院齐秀文任主编，由广西农业职业技术大学刘露、内蒙古民族大学李宇明、深圳市天择教育科技有限公司曹胜利任副主编，编委会全体委员共同进行了书稿的编写。其中，湖南财政经济学院孙林负责第1章、第7章的编写及全书的总纂，兴义民族师范学院黄锦英负责第2章的编写，昌吉学院齐秀文负责第3章的编写，广西农业职业技术大学刘露负责第4章的编写，内蒙古民族大学李宇明负责第5章的编写，深圳市天择教育科技有限公司曹胜利负责第6章的编写，感谢深圳市天择教育科技有限公司曹阜兴、徐波、王宇、伍金林、纪春明、吴欣亭等同志在本书数据收集和整理、案例筛选、项目遴选等工作中付出的辛勤努力。

本书在编写过程中，着眼于高等院校贯彻落实培养"应用型、融通性、开放式"人才，巩固学生所学的专业理论知识，并将其系统运用于投资银行业务管理实践。

由于编者水平、精力有限，书中错漏恐难以避免，恳请各位读者不吝赐教，以便再版时更正，使我们的实验教材更好地为金融学类各专业实践教学活动提供帮助。

编　者

2024年元月

目　录

第1章　基金募集 ·· 1

1.1　实验概述 / 1

1.2　实验目的 / 1

1.3　实验工具 / 1

1.4　理论要点 / 2

1.5　实验过程 / 7

1.6　实验报告 / 13

第2章　项目投资 ·· 15

2.1　实验概述 / 15

2.2　实验目的 / 15

2.3　实验工具 / 15

2.4　理论要点 / 16

2.5　实验过程 / 18

2.6　实验报告 / 24

第3章　项目财务尽职调查 ······························· 26

3.1　实验概述 / 26

3.2　实验目的 / 26

3.3　实验工具 / 26

3.4 理论要点 / 27

3.5 实验过程 / 47

3.6 实验报告 / 62

第4章 项目估值分析 ·············· **64**

4.1 实验概述 / 64

4.2 实验目的 / 64

4.3 实验工具 / 64

4.4 理论要点 / 65

4.5 实验过程 / 67

4.6 实验报告 / 84

第5章 投后管理 ·············· **86**

5.1 实验概述 / 86

5.2 实验目的 / 86

5.3 实验工具 / 86

5.4 理论要点 / 87

5.5 实验报告 / 89

第6章 项目退出 ·············· **90**

6.1 实验概述 / 90

6.2 实验目的 / 90

6.3 实验工具 / 90

6.4 理论要点 / 91

6.5 实验过程 / 92

6.6 实验报告 / 96

第7章 基金收益分配 ·············· **97**

7.1 实验概述 / 97

7.2 实验目的 / 97

7.3　实验工具 / 98

7.4　理论要点 / 98

7.5　实验过程 / 100

7.6　实验报告 / 120

参考文献 ·· **122**

第 1 章

基金募集

1.1 实验概述

本实验主要通过介绍基金募集的流程、方式，使用户能够了解和掌握私募基金募集的一般流程，以及初步了解私募基金的实务操作。

1.2 实验目的

本章实验目的为：

（1）了解基金募集的一般流程。

（2）了解基金募集的不同资金来源的投资比例。

1.3 实验工具

天择投资银行业务教学系统。

1.4 理论要点

1.4.1 私募基金募集概述

私募股权基金的运作方式是股权投资，即通过增资扩股或股权转让的方式，获得非上市公司股份，并通过股份增值转让获利。在我国，目前股权投资基金只能以非公开方式募集。股权投资基金主要有四个特点：投资期限长，流动性较差；投资后管理投入资源较多；专业性较强；收益波动性较高（高风险，高收益）。

1. 投资期限长、流动性较差

股权投资基金的投资期限一般是 3~7 年，被称为"有耐心的资本"。股权投资基金的基金份额流动性较差，在基金清算前，基金份额的转让或投资者的退出都有一定难度。

2. 投资后管理投入资源较多

股权投资基金管理人在投资后管理阶段投入大量资源，主要包括以下两个方面：

（1）为被投资企业提供商业资源和管理支持，帮助被投资企业发展。

（2）通过参加被投资企业股东会、董事会等，有效监控被投资企业，以应对投资中的信息不对称问题和企业管理层的道德风险。

3. 专业性较强

投资基金的专业性主要表现以下几点：

（1）基金管理人需要具备很高的专业水准，具有智力密集型特征。

（2）市场上的股权投资基金通常委托专业机构进行管理。

（3）在基金管理机构内部，需要针对投资管理团队成员建立有效和充分的激励约束机制。

4. 收益波动性较高

投资基金收益的高波动性主要表现为：

（1）高风险主要体现为投资项目的收益呈现出较大的不确定性。

（2）高期望收益主要体现为在正常的市场环境中，股权投资基金作为一个整体，其能为投资者实现的投资回报率总体上处于较高水平。

1.4.2 私募基金募集流程

私募基金的募集按照具体的操作可以分为九个步骤：（1）品牌宣传；（2）特定对象确定；（3）投资者适当性匹配；（4）推介私募基金；（5）基金风险揭示；（6）合格投资者确认；（7）签署基金合同；（8）投资冷静期；（9）回访确认。各操作步骤及所需文件的概况，如图1-1所示。

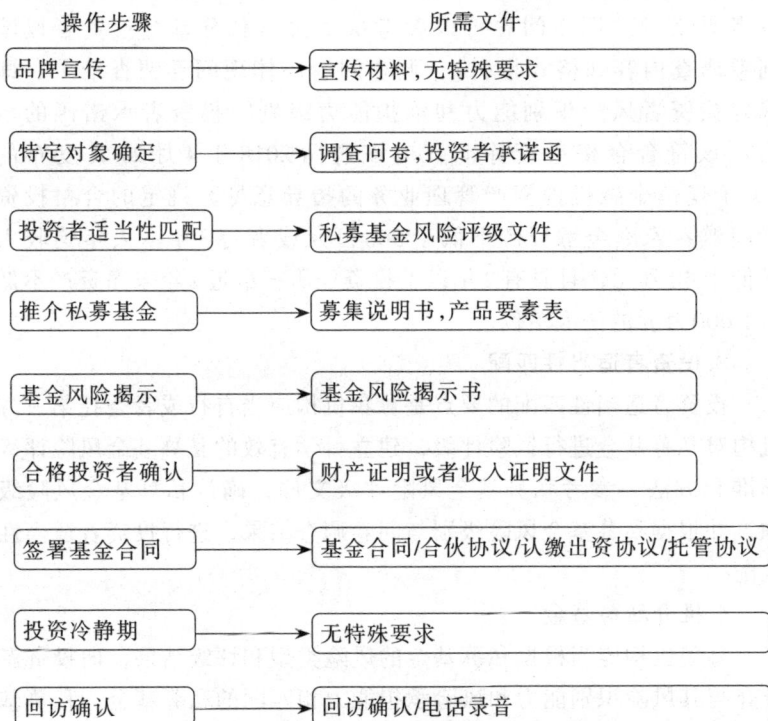

操作步骤　　　　　　　　　　　所需文件

操作步骤	所需文件
品牌宣传	宣传材料,无特殊要求
特定对象确定	调查问卷,投资者承诺函
投资者适当性匹配	私募基金风险评级文件
推介私募基金	募集说明书,产品要素表
基金风险揭示	基金风险揭示书
合格投资者确认	财产证明或者收入证明文件
签署基金合同	基金合同/合伙协议/认缴出资协议/托管协议
投资冷静期	无特殊要求
回访确认	回访确认/电话录音

图1-1 私募基金募集流程的操作步骤及所需文件

1.品牌宣传

品牌宣传的要点是仅可以通过合法途径公开宣传私募基金管理人的品牌、发展战略、投资策略、管理团队、高管信息以及由中国基金业协会公示的已备案的私募基金的基本信息。其他内容均不可公开宣传。

2.特定对象确定

特定对象确定的要点是在向投资者推介私募基金之前，募集机构应当采取问卷调查等方式履行特定对象确定程序，对投资者风险识别能力和风险承担能力进行评估。投资者应当以书面形式承诺其符合合格投资者标准。所需要的文件包括调查问卷和投资者承诺函。调查问卷可以参考中基协《私募基金投资者风险问卷调查内容和格式指引》，调查问卷应体现问卷调查结果，即确定投资者风险识别能力和承担能力级别。投资者承诺函的承诺应该符合合格投资标准，应该遵循 2018 年 4 月 27 日发布的《关于规范金融机构资产管理业务的指导意见》规定的合格投资者门槛：家庭金融资产不低于 500 万元或者近 3 年本人年均收入不低于 40 万元，且具有 2 年以上投资经历；最近 1 年末净资产不低于 1 000 万元的法人单位。

3.投资者适当性匹配

投资者适当性匹配的要点是募集机构应当自行或者委托第三方机构对私募基金进行风险评级，建立科学有效的私募基金风险评级标准和方法。参考私募基金风险评级文件，确认私募基金风险级别，并根据私募基金风险级别与问卷调查结果，进行投资者适当性匹配。

4.推介私募基金

募集机构应当根据私募基金的风险类型和评级结果，向投资者推介与其风险识别能力和风险承担能力相匹配的私募基金。私募基金推介材料应由私募基金管理人制作并使用。私募基金管理人应当对私募基金推介材料内容的真实性、完整性、准确性负责。不得公开推介，不得违法推介。

私募基金推介材料内容包括但不限于：

（1）私募基金的名称和基金类型；

（2）私募基金管理人名称、私募基金管理人登记编码、基金管理团队等基本信息；

（3）中国基金业协会私募基金管理人以及私募基金公示信息（含相关诚信信息）；

（4）私募基金托管情况（如无，应以显著字体特别标注）、其他服务提供商（如律师事务所、会计师事务所、托管机构等），是否聘用投资顾问等；

（5）私募基金的外包情况；

（6）私募基金的投资范围、投资策略和投资限制概况；

（7）私募基金收益与风险的匹配情况；

（8）私募基金的风险揭示；

（9）私募基金募集结算资金专用账户及其监督机构信息；

（10）投资者承担的主要费用及费率，投资者的重要权利（如认购、赎回、转让等限制，时间和要求等）；

（11）私募基金承担的主要费用及费率；

（12）私募基金信息披露的内容、方式及频率；

（13）明确指出该文件不得转载或给第三方传阅；

（14）中国基金业协会规定的其他内容。

募集机构及其从业人员推介私募基金时，禁止有以下行为：

（1）公开推介或者变相公开推介；

（2）推介材料虚假记载、误导性陈述或者重大遗漏；

（3）以任何方式承诺投资者资金不受损失，或者以任何方式承诺投资者最低收益，包括宣传"预期收益""预计收益""预测投资业绩"等相关内容；

（4）夸大或者片面推介基金，违规使用"安全""保证""承诺""保险""避险""有保障""高收益""无风险"等可能误导投资人进行风险判断的措辞；

（5）使用"欲购从速""申购良机"等片面强调集中营销时间限制的措辞；

（6）推介或片面节选少于6个月的过往整体业绩或过往基金产品业绩；

（7）登载个人、法人或者其他组织的祝贺性、恭维性或推荐性的文字；

（8）采用不具有可比性、公平性、准确性、权威性的数据来源和方法进行业绩比较，任意使用"业绩最佳""规模最大"等相关措辞；

（9）恶意贬低同行；

（10）允许非本机构雇用的人员进行私募基金推介；

（11）推介非本机构设立或负责募集的私募基金；

（12）法律、行政法规、中国证监会和中国基金业协会禁止的其他行为。

5.基金风险揭示

基金风险揭示的要点是投资者形成投资意愿，在投资者签署基金合同之前，募集机构应当向投资者说明有关法律法规，说明投资冷静期、回访确认等程序性安排以及投资者的相关权利，重点揭示私募基金风险，并与投资者签署风险揭示书。

6.合格投资者确认

合格投资者确认的要点是在完成私募基金风险揭示后，募集机构应当要求投资者提供必要的资产证明文件或收入证明。募集机构应当合理审慎地审查投资者是否符合私募基金合格投资者标准，依法履行反洗钱义务，并确保单只私募基金的投资者人数累计不得超过《中华人民共和国证券投资基金法》《中华人民共和国公司法》《中华人民共和国合伙企业法》等法律规定的特定数量。自然人投资者金融资产证明或机构投资者净资产证明文件，如银行对账单、股票证明、机构的审计报告等。

7.签署基金合同

签署基金合同的要点是各方应当在完成合格投资者确认程序后签署私募基金合同。所需要的文件包括基金合同、公司章程或者合伙协议；委托管理协议（如需）；认缴出资承诺函（如需）。

8.投资冷静期

基金合同应当约定给投资者设置不少于24小时的投资冷静期，募集机构在投资冷静期内不得主动联系投资者。

9.回访确认

募集机构应当在投资冷静期满后，指令本机构从事基金销售推介业务以外的人员以录音电话、电邮、信函等适当方式进行投资回访。回访过程不得出现诱导性陈述。募集机构在投资冷静期内进行的回访确认无效。基金合同应当约定，投资者在募集机构回访确认成功前有权解除基金合同。出现前述不当情形时，募集机构应当按合同约定及时退还投资者的全部认购款项。

1.5 实验过程

本实验主要介绍在使用天择投资银行业务教学系统时，基金募集的不同资金来源以及进行基金募集的方式。

1.5.1 基金募集操作流程

1.基金募集的资金来源

登录投资银行业务教学系统以后，进入基金募集页面的基金募集模块进行基金募集。目前系统提供四种资金来源，包括自有资金，即普通合伙人（general partner，GP）、优先级有限合伙人（priority limited partner，优先级LP）、劣后级有限合伙人（inferior limited partner，劣后级LP）以及银行借款，如图1-2所示。

图1-2　基金募集资金来源

2.基金募集方式

在募集资金时，有四种募集方式，分别是：自有资金GP和优先级LP；自有资金GP、优先级LP、劣后级LP；自有资金GP、优先级LP、银行借款；自有资金GP、优先级LP、劣后级LP、银行借款。

（1）自有资金GP和优先级LP。

募集时，如图1-3所示，如果选择自有资金GP和优先级LP的资金来源，需要注意其投资结构为自有资金GP的占比小于或者等于10%，优先级LP的占比大于或者等于90%。举例说明，自有资金GP的初始资金来自于系统配置，设定为500万元，募集的金额以该500万元为基数，即募集基数等于500万元除以GP的占比10%，即5 000万元，优先级LP的募集金额应该大于或者等于5 000万元的90%（4 500万元）。如果用户希望获得更多的自有资金，可以前往资产配置系统进行自有资金的配置，如图1-4所示。

需要注意的是，在资产配置系统进行配置时，自有资金的募集额度不得超过总资产配置额度的50%，该系统能够将现金账户的资金或其他账户的资金由银行账户转入投资银行账户。举例说明，如果用户将资金100万元从现金账户转入银行账户后，再由银行账户将此100万元转入到投资银行账户，自有资金GP增加至600万元，则募集

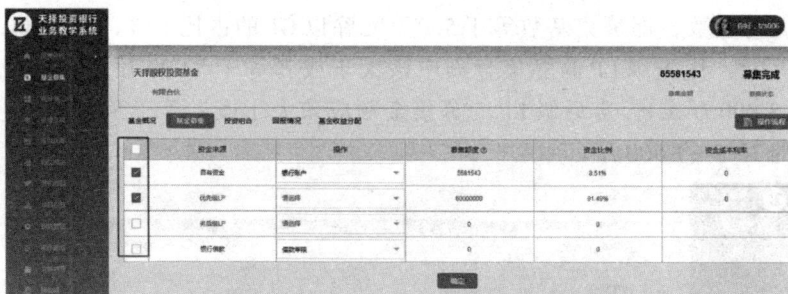

图1-3 基金募集来源：自有资金、优先级LP

图1-4 资产配置系统

基数等于600万元除以GP的占比10%，即6 000万元，优先级LP的募集金额大于或者等于6 000万元的90%（5 400万元）。

（2）自有资金GP、优先级LP、劣后级LP。

在募集时，如图1-5所示，如果选择的资金来源是自有资金GP、优先级LP和劣后级LP，需要注意其投资结构为自有资金GP的占比小于或者等于10%，优先级LP的占比大于或者等于60%，劣后级LP的占比大于或者等于30%。举例说明，自有资金GP的初始资金来自于系统配置，设定为500万元，募集的金额以该500万元为基数，即募集基数等于500万元除以GP的占比10%，即5 000万元，优先级LP的募集金额应该大于或者等于5 000万元的60%（3 000万元），劣后级LP的募集金额应该大于或者等于5 000万元的30%（1 500万元）。

图1-5　基金募集来源：自有资金、优先级LP、劣后级LP

如果用户希望获得更多的自有资金，可以前往资产配置系统进行自有资金的配置，该系统能够将现金账户的资金或其他账户的资金由银行账户转入投资银行账户。举例说明，如果用户将资金100万元从现金账户转入银行账户后，再由银行账户将此100万元转入到投资银行账户，自有资金GP增加至600万元，则募集基数等于600万元除以GP的占比10%，即6 000万元，优先级LP的募集金额大于或者等于6 000万元的60%（3 600万元），劣后级LP的募集金额大于或者等于6 000万元的30%（1 800万元）。

（3）自有资金GP、优先级LP、银行借款。

在募集时，如图1-6所示，如果选择的资金来源是自有资金GP、优先级LP和银行借款，需要注意其投资结构为自有资金GP的占比小于或者等于10%，优先级LP的占比大于或者等于60%，银行借款的占比大于或者等于30%。举例说明，自有资金GP的初始资金来自于系统配置，设定为500万元，募集的金额以该500万元为基数，即募集基数等于500万元除以GP的占比10%，即5 000万元，优先级LP的募集金额应该大于或者等于5 000万元的60%

（3 000万元），银行借款的募集金额应该大于或者等于5 000万元的30%（1 500万元）。

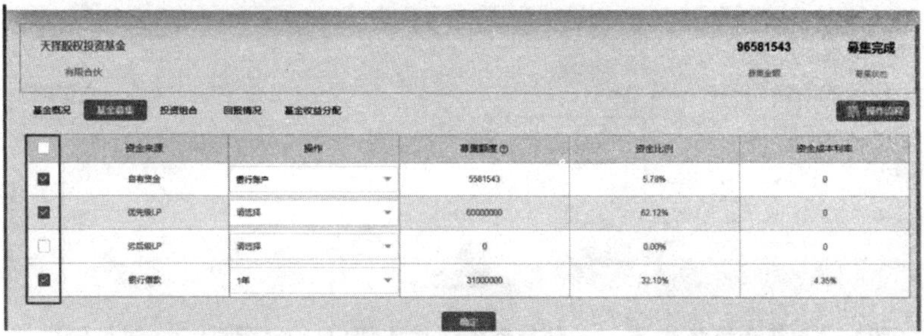

图1-6 基金募集来源——自有资金、优先级LP、银行借款

如果用户希望获得更多的自有资金，可以前往资产配置系统进行自有资金的配置，该系统能够将现金账户的资金或其他账户的资金由银行账户转入投资银行账户。举例说明，如果用户将资金100万元从现金账户转入银行账户后，再由银行账户将此100万元转入到投资银行账户，自有资金GP增加至600万元，则募集基数等于600万元除以GP的占比10%，即6 000万元，优先级LP的募集金额大于或者等于6 000万元的60%（3 600万元），银行借款的募集金额大于或者等于6 000万元的30%（1 800万元）。

（4）自有资金GP、优先级LP、劣后级LP、银行借款。

在募集时，如图1-7所示，如果选择的资金来源是自有资金GP、优先级LP、劣后级LP和银行借款时，需要注意其投资结构为自有资金GP的占比小于或者等于5%，优先级LP的占比大于或者等于60%，劣后级LP的占比大于或者等于30%，银行借款的占比大于或者等于5%。举例说明，自有资金GP的初始资金来自于系统配置，设定为500万元，募集的金额以该500万元为基数，即募集基数等于500万元除以GP的占比5%，即10 000万元，优先级LP的募集金额应该大于或者等于10 000万元的60%（6 000万元），劣后级LP的募集金额应该大于或者等于10 000万元的30%（3 000万

元），银行借款的募集金额大于或者等于 10 000 万元的 5%（500
万元）。

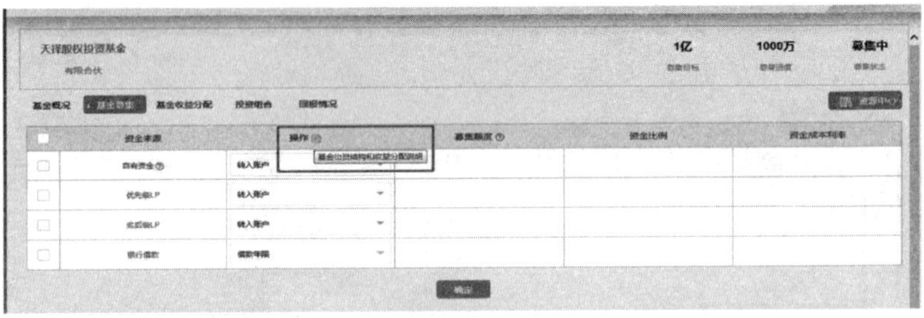

图1-7 基金募集来源——自有资金、优先级LP、劣后级LP、银行借款

如果用户希望减少自有资金以投资其他的资产，可以前往资产
配置系统进行自有资金的配置，该系统能够将股权投资系统的资金
转入银行账户。举例说明，如果用户将资金 200 万元从现金账户转
入银行账户，自有资金 GP 减少至 300 万元，则募集基数等于 300 万
元除以 GP 的占比 5%，即等于 6 000 万元，优先级 LP 的募集金额大
于或者等于 6 000 万元的 60%（3 600 万元），劣后级 LP 的募集金额
大于或者等于 6 000 万元的 30%（1 800 万元），银行借款的募集金
额大于或者等于 6 000 万元的 5%（300 万元）。

以上具体的投资结构的说明如图 1-8 所示，可以在系统内进行查看。

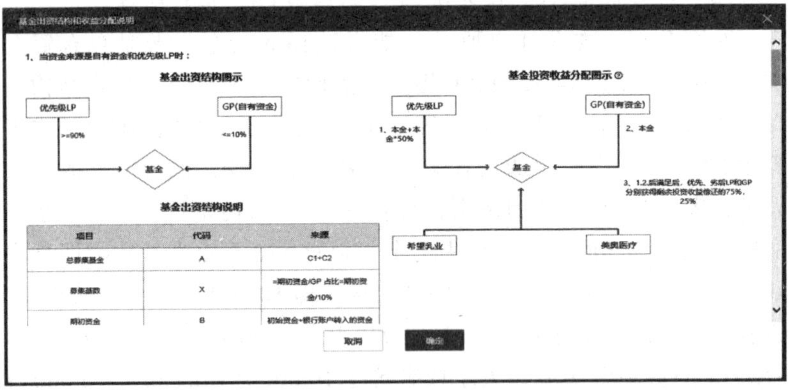

图1-8 基金出资结构和收益分配比例

选择合适的投资结构以及比例后，如图1-9所示，点击确定，募集完成。在募集完成后，用户可以继续在募集额度列按照募集比例增加募集金额。

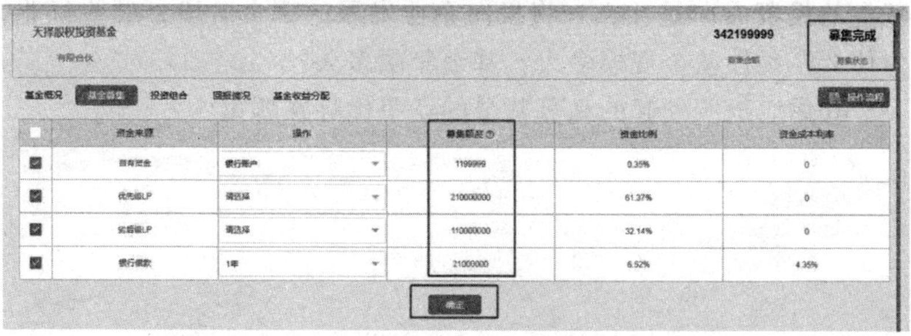

图1-9　募集完成图

1.5.2　注意事项

本部分实验的主要目的是，研究基金募集不同资金来源比例下的情况。实验时，需注意各种组合下数据不要发生填串行等错误。

1.6　实验报告

（1）进入天择投资银行业务教学系统，完成资金募集，复制粘贴在下方。

（2）回答以下问题：

①作为个人投资者，经测试你的风险态度和风险承受能力如何？

②私募基金合格投资者的门槛是什么？

③作为投资者，你在挑选私募基金时会重点考虑哪些因素？

④私募基金投资冷静期最少为多长？

⑤作为私募基金发起者，你们组拟定的基金名字是什么？私募基金的投资方向是什么？将投向企业发展的哪个阶段，哪些行业，为什么？预计基金规模多大？基金年限多久？

⑥你们组所发起的私募基金的竞争优势在哪里？

第 2 章

项目投资

2.1 实验概述

通过实验，了解和把握私募基金投资的方式和流程，能够对项目进行正确的投资。

2.2 实验目的

本章实验目的为：
（1）了解私募投资基金的类型。
（2）了解不同私募投资基金的流程。
（3）重点把握私募股权投资基金投资项目的流程。

2.3 实验工具

天择投资银行业务教学系统。

2.4 理论要点

2.4.1 私募投资基金的类型

私募投资基金主要有三种类型，分别是私募证券投资基金、私募股权投资基金和资产配置类私募投资基金。

私募证券投资基金，主要投资于公开交易的股份有限公司股票、债券、期货、期权、基金份额以及中国证监会规定的其他资产。私募股权投资基金，主要投向未上市企业股权、上市公司非公开发行或交易的股票以及中国证监会规定的其他资产。资产配置类私募投资基金，主要采用基金中基金的投资方式，主要对私募证券投资基金和私募股权投资基金进行跨类投资。

2.4.2 私募投资基金的流程

1.私募证券投资基金的投资流程

（1）私募证券投资基金的投资按照基金合同（或者合伙协议）约定的投资标的和投资策略进行。按投资标的，私募证券投资基金可划分为指数型、混合型、股票型、货币型、债券型等类别。指数型私募证券投资基金主要投资指数产品；混合型私募证券投资基金投资标的包括股票、债券、货币市场工具但无明确的主要投资方向；股票型私募证券投资基金主要投资股票；货币型私募证券投资基金主要投资货币市场工具；债券型私募证券投资基金主要投资标准化的债券、非标准化的债券如委托贷款等。

（2）私募证券投资基金的投资策略主策略主要分为四种：股票对冲策略、事件驱动策略、宏观策略和相对价值套利策略，每个主策略下又分许多不同的小策略。私募证券投资基金一般设立有投资决策委员会，投资决策委员会下包括风险控制委员会、基金投资部、研究部，基金投资部设立投资总监和投资经理。其中，投资决策委员会决定投资原则、方向及范围；投资决策流程及权限限制；基金经理投资权限。风险控制委员会运用数量工具分析基金风险、收益，提出风险控制计划。研究部负责宏观、行业研究。基金投资部负责基金的具体投资运作。

（3）私募证券投资基金的决策程序是：研究部提出研究报告、宏观及策略分析、行业分析、个股分析、估值方法；投资决策委员会决定基金的总体投资计划，负责确定基金投资策略和投资组合原则，确定资金资产配置比例或比例范围；基金投资部制订投资组合的具体方案，向中央交易室发出指令；风险控制委员会提出风险控制建议、内部风险控制制度、监察和稽查制度和财务管理制度。

（4）股票投资的关键是估值，即确定上市公司股票的投资价值。最常使用的四种估值方法分别为市盈率法、市净率法、现金流折现法、经济价值对息税折旧摊销前利润法。对于债券投资而言，它主要侧重债券久期的判断和券种的选择。基金管理公司的研究工作均需要依靠大量的外部研究报告，其主要来源是作为卖方的证券公司的研究报告，这是因为证券公司和基金管理公司各自的资源优势不同。

（5）具体的投资决策实施是，基金经理根据投资决策中规定的投资对象、投资结构和持仓比例等，在市场上选择合适的股票、债券和其他有价证券来构建投资组合。基金经理的投资理念、分析方法是基金投资收益的关键。基金经理向中央交易室发出交易指令，具体包括买入（卖出）何种证券、买入（卖出）的时间和数量、价格控制等。交易员负责按照基金经理的指令进行操作，同时及时向基金经理汇报实际交易情况和市场动向，交易员的地位也非常重要，在其接受交易指令后，负责寻找合适的机会，以尽可能低的价格买入证券，以尽可能高的价格卖出证券。交易是实现基金经理投资指令的最后环节。

2.私募股权投资基金的投资流程

私募股权投资基金（含创投基金）的投资流程通常包括6个步骤：撰写商业计划书（business plan，BP）和项目接洽、初步分析发现价值（初步评估）、尽职调查、设计投资方案、投资交易谈判、投资决策。在初步评估阶段，初步发现项目的价值后，可以出具立项报告；在尽职调查阶段，出具尽职调查报告；在设计投资方案阶段，撰写投资备忘录和投资意向书；在投资交易谈判阶段，提供投资条款（term sheet）；在投资决策阶段，需要根据投资建议书、投资决议进行投资的决策。该流程的工作量主要分布情况为：20%挑选项目，判断价值；50%对项目进行尽职调查；10%谈判和设计方案；20%进行投后管理。

2.5 实验过程

2.5.1 基金投资项目流程

1.撰写商业计划书、项目接洽

通过各种途径获取项目，如图2-1所示。比如，直接联系公司高层；同行推荐；接触行业协会；各类专业服务机构推荐（如投行、会计师事务所、律师事务所等）；参加行业会议等。商业计划书的核心要点是公司简介、团队及管理能力、行业及市场、产品或服务、商业模式、财务数据及盈利预测、融资计划等。

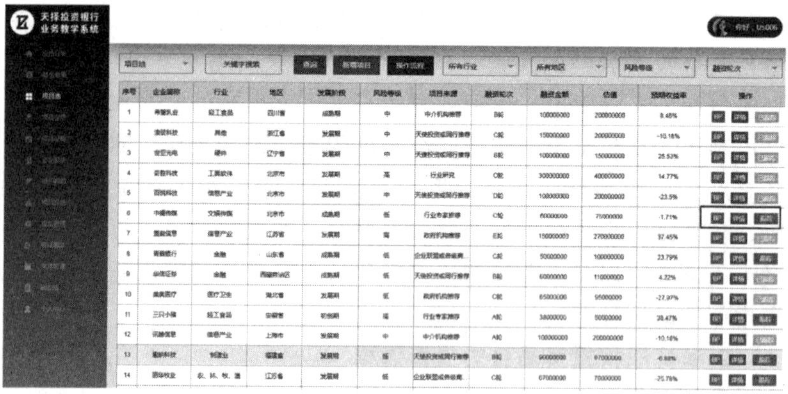

图2-1 撰写商业计划书、项目接洽阶段

2.初步评估

如图2-2所示，进行初步评估时，要考虑目标公司的管理团队、竞争情况、财务状况，形成初步意见。在此环节也要接触目标企业的客户、供应商及竞争对手信息，尽量多参考涉及目标公司的研究报告，发现行业趋势、公司隐藏的陷阱、业务增长点、企业亮点等。大量项目会在初步评估阶段被否决。

图2-2 初步评估

3.尽职调查

尽职调查又称审慎调查（due diligence，DD），实务中一般简称尽调，是对企业的历史数据和文档，管理人员的背景，企业的市场、管理、技术、财务等，以及可能存在的资金风险和法律风险做全面深入的调查，如图2-3所示。尽职调查是对商业计划书的全面审核，既要发现企业的价值，同时也要发现企业的风险。因此，尽职调查主要包括两个方面：风险发现和价值发现。风险发现包括发现和评价公司的股权瑕疵、资产完整性、经营风险、偿债能力、或有债务、法律诉讼。股权瑕疵是以股权为脉络的历史沿革调查；资产完整性是以业务流程为主线的资产调查；经营风险是以竞争力为核心的产品和市场调查；偿债能力是以真实性和流动性为主进行的银行债务和经营债务调查；或有债务和法律诉讼是以担保和诉讼为主的法律风险调查。价值发现包括发现现实价值和未来可能的价值。现实价值是以资产价值和盈利能力为衡量标准的双重价值评判。未来可能价值代表未来发展前景调查和资产市场喜好、IPO前景等。

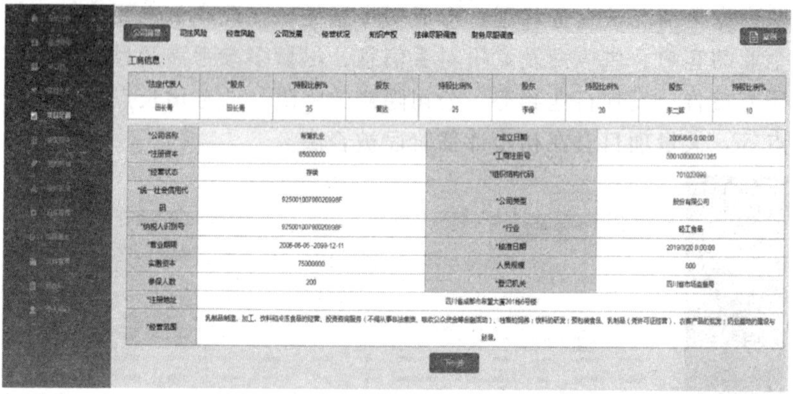

图2-3　项目尽调——**基本信息**

尽职调查的程序是多方位、有准备、有针对性的，如图2-4、图2-5、图2-6、图2-7、图2-8、图2-9所示。其具体包括：参观企业和业务流程；提出尽职调查资料清单、问题清单；企业针对清单提供资料并解答问题；提出补充资料清单、并提供资料和解答；与中高层管理人员和关键部门人员进行访谈；咨询重要客户、律师、会计师、贷款银行等；咨询行业内专家和政策部门的人员。尽职调查在范围上应该是全面调查、突出重点，包括调查公司历史沿革、管理团队背景、公司治理结构及管理状况、产品和技术、业务流程和业务资源、行业及市场、财务报表的核实、资产负债状况、经营状况及其变动、盈利预测的核查、环境评估、潜在的法律纠纷、发展规划及其可行性等。

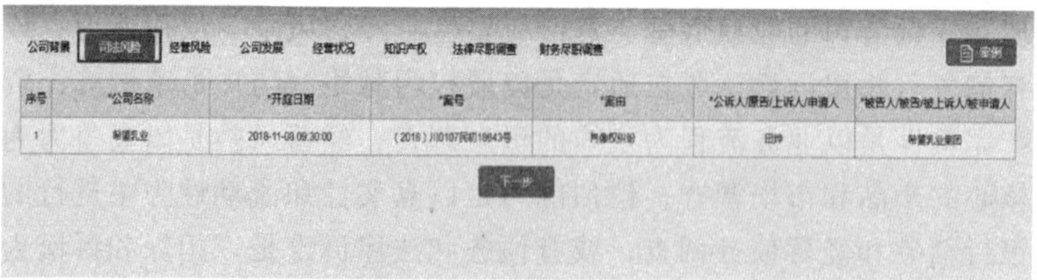

图2-4　项目尽调——**司法风险**

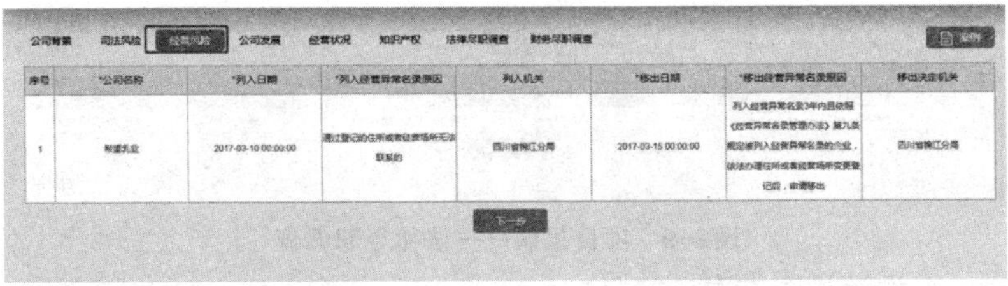

图2-5 项目尽调——经营风险

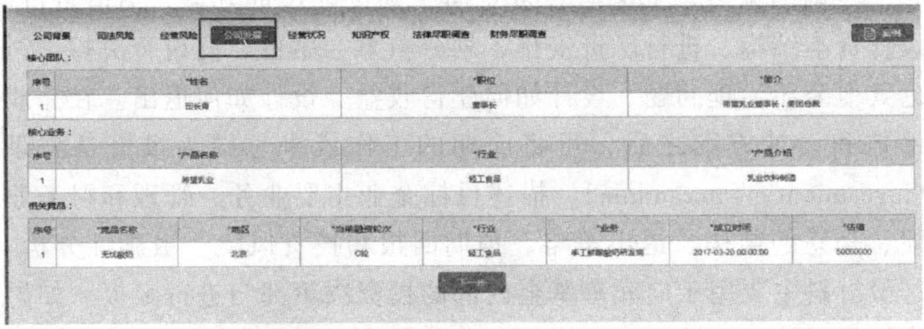

图2-6 项目尽调——公司发展

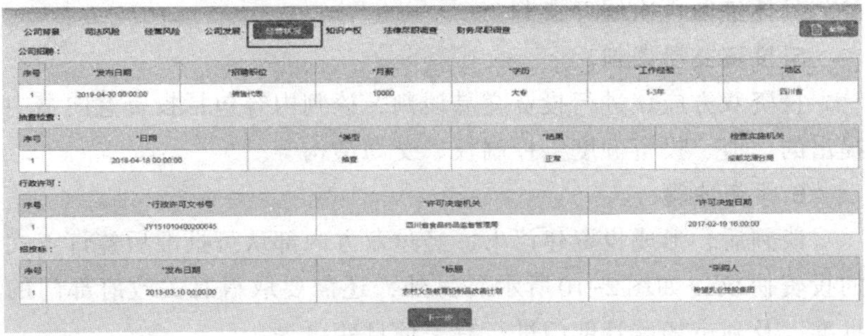

图2-7 项目尽调——经营状况

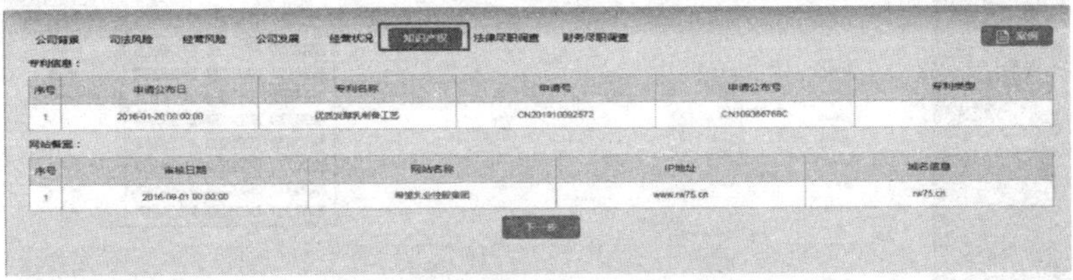

图2-8 项目尽调——知识产权

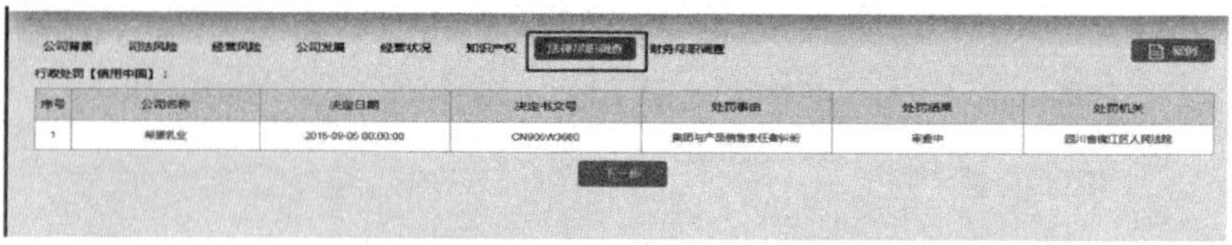

图2-9　项目尽调——法律尽职调查

4.设计投资方案

尽调结束后，如果有投资意向，则设计投资方案，估值定价、设计资本结构、进行融资安排、划分董事会席位、商讨否决权、讨论其他公司治理问题、设计如何获得收益、设计如何退出。在完成评估和设计方案之后，可将前期的工作成果总结为投资备忘录（investment memorandum），描述目标企业主要业务、管理和财务业绩、交易的结构、退出策略、预期回报和投资风险、敏感性分析。这份材料主要用于向私募基金内部的投资决策部门进行汇报。如果决策部门认可了该项目，则可以向目标企业发出投资意向书，并准备就具体细节再次展开谈判。

5.投资交易谈判

投资双方应该进行投资交易谈判，谈判内容包括投资意向书中提出的估值、投资额度、控制权、交易结构等。

6.投资决策

谈判后，形成投资建议书，经过双方内部认可批准后签订正式的投资协议，如图2-10所示。另外，还需要取得有关政府部门的批准以及到市场监管部门进行有关信息变更等。

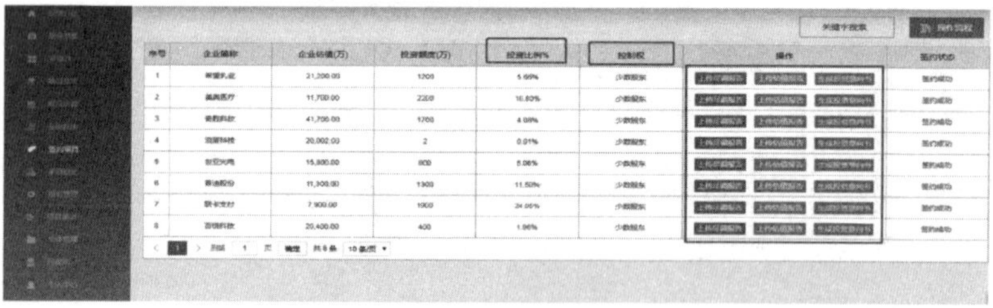

图2-10　项目签约

7.进行投资

在进行投资时，如图 2-11 所示，根据可用金额进行投资，投资的金额不得超过可用金额。还要选择项目的投资年限，如图 2-12 所示。投资年限一般最少为 1 年，最多为 5 年。

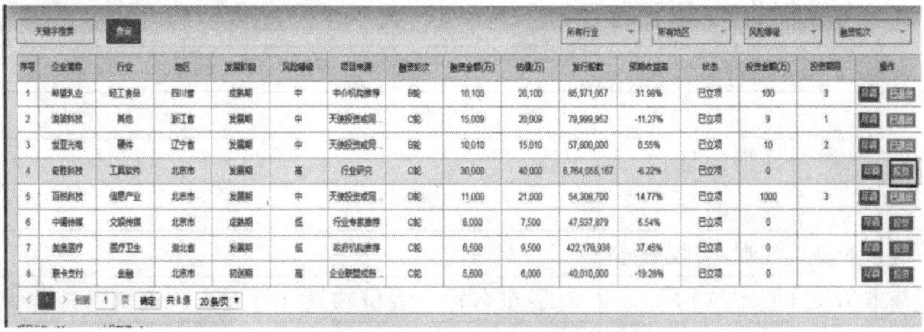

图2-11　项目投资页面

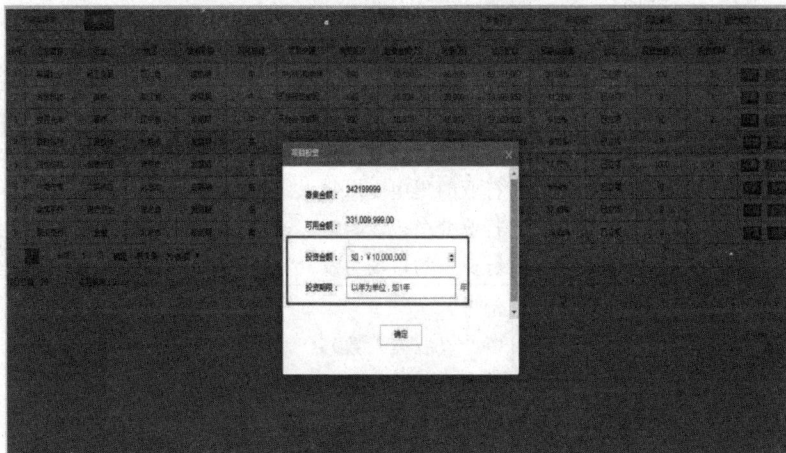

图2-12　项目投资年限

2.5.2　注意事项

本部分实验的主要目的是，把握基金投资项目的流程，实验时，需注意各流程内的内容不要遗漏。实践中，可能因为某一个方面的内容而对整个项目造成重大影响。

2.6 实验报告

完成报告的以下内容：

项目名称		
项目基本情况		
项目企业基本情况	注册地址	
	成立时间	
	注册/实收资本	
	股本结构	股东名称　股份数量（万股）　比例（%）
	主营业务	
	其他	
项目产品/服务基本情况	项目简单介绍	
	项目发展阶段	
	行业环境	行业的生命周期
		行业的市场潜力
		行业的集中度
		行业壁垒
		行业中的市场力量（竞争对手）
	规模增长速度	销售
		资产（雇员人数）
		利润
		高新技术产品
	增长的驱动因素	企业家能力
		技术性人力资源
		技术创新能力
		技术商品化能力
		融资能力
	其他	

项目名称		
企业综合能力评述	研究开发能力	
	市场营销能力	
	企业管理能力	
	其他	

主要财务数据（单位：万元）

	2018 年	2017 年	2016 年
销售收入			
销售成本			
净利润			
总资产			
净资产			

未来几年预测（单位：万元）

	第一年	第二年	第三年	第四年	第五年
销售收入					
销售成本					
净利润					
总资产					
净资产					

项目融资计划

资金需求数额	
资金使用计划	

第3章
项目财务尽职调查

3.1 实验概述

通过获得项目近三年的财务报告即资产负债表、利润表、现金流量表以及对相关财务资料进行审慎核查,培养学生财务尽职调查的能力。

3.2 实验目的

本章实验目的为:
(1) 了解三大财务报表即资产负债表、利润表和现金流量表。
(2) 了解和掌握财务尽职调查的方向和范围。
(3) 掌握财务尽职调查包含的各个维度以及能够分析项目不同比率的能力。

3.3 实验工具

天择投资银行业务教学系统。

3.4 理论要点

3.4.1 财务情况

1.财务报告核查及总体评价

在系统中，调取企业三年的资产负债表、利润表及现金流量表，系统有关界面如图3-1所示，对财务报告及相关财务资料的内容进行审慎核查。

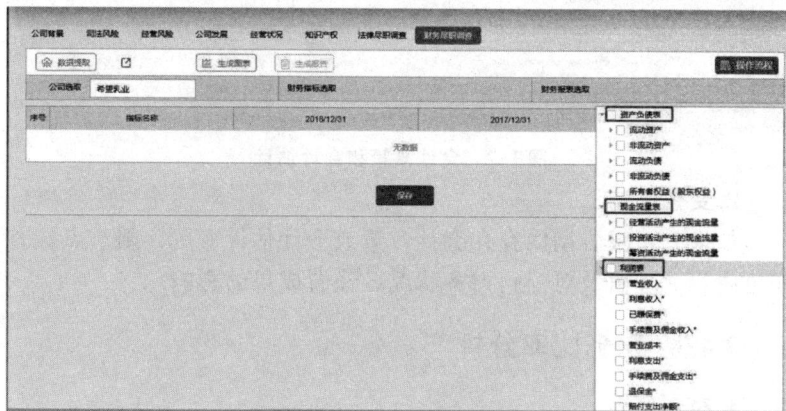

图3-1 三大财务报表

2.合并、分部、参股事项的核查

对于公司财务报表中包含的分部信息，应获取相关分部资料，进行必要的核查。对纳入合并范围的重要控股子公司的财务状况应同样履行充分的审慎核查程序。对公司披露的参股子公司，应获取最近一年及一期的财务报告及审计报告（如有）。

3.存在重要并购事项的特殊核查

如果公司最近收购兼并其他企业资产或股权，且被收购企业资产总额或营业收入或净利润超过收购前公司相应项目的20%，应获得被收购企业收购前一年的利润表，并核查其财务情况。

3.4.2　会计政策和会计估计

1.政策选择

通过查阅公司财务资料，并与相关财务人员和会计师沟通，核查公司的会计政策和会计估计的合规性和稳健性，系统有关界面如图3-2所示。

图3-2　会计政策和会计估计

2.变更影响

如果公司报告期内存在会计政策或会计估计变更，则重点核查变更内容、理由及对公司财务状况、经营成果的影响。

3.4.3　财务比率分析

1.盈利能力

盈利能力也称为企业的资金或资本增值能力，通常表现为一定时期内企业收益数额的多少及收益水平的高低。盈利能力就是公司在一定时期内赚取利润的能力，利润率越高，盈利能力就越强。对于经营者来说，通过对盈利能力的分析，可以发现经营管理环节出现的问题。对公司盈利能力的分析，就是对公司利润率的深层次分析。指标包括但不限于毛利率、资产收益率、净资产收益率、营业净利率、成本费用利润率、盈余现金保障倍数等，在系统中，有关界面如图3-3所示。

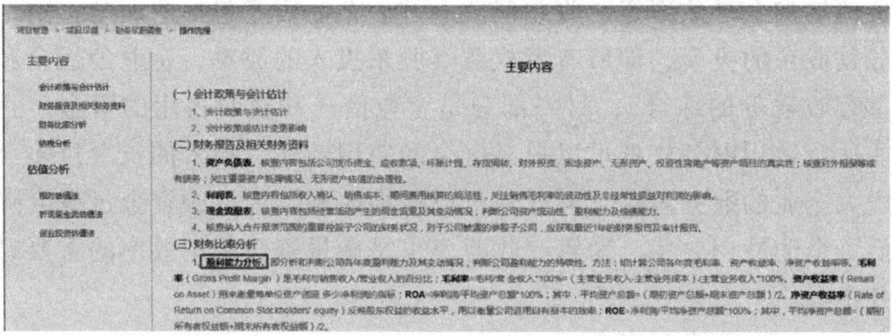

图3-3 盈利能力

（1）毛利率。

毛利率（gross profit margin），即销售毛利率，是毛利和销售收入（或营业收入）的百分比。毛利是收入和跟收入相对应的营业成本之间的差额。毛利率反映的是一个商品经过生产转换内部系统以后增值的那一部分，增值得越多，毛利自然越多。毛利率的大小取决于市场竞争、企业营销、研发成本、品牌效应、成本、生命周期等因素。

（2）资产收益率。

资产收益率（return on asset，ROA），又称为资产回报率，用来衡量每单位资产创造多少净利润的指标。计算公式为：

资产收益率=净利润/平均资产总额×100%

资产收益率是业界应用最为广泛的衡量盈利能力的指标之一，一般情况下，该指标越高，表明企业资产利用效果越好。

（3）净资产收益率。

净资产收益率（rate of return on common stockholders' equity，ROE），又称为股东权益报酬率、净值报酬率、权益报酬率、权益利润率、净资产利润率，是衡量公司盈利水平的重要指标。净资产收益率是指利润额和平均股东权益的比值，该指标越高，说明投资带来的收益越高；净资产收益率越低，说明企业所有者权益的获利能力越弱。该指标体现了自有资本获得净收益的能力。一般来说，负债增加会导致净资产收益率的上升。企业资产包括两部分：一部分是股东的投资，即所有者权益（股东投入的股本，企业公积金和留存收益等的综合）；另一部分是企业借入和暂时占用的资金。企业适当运用财务杠杆可以提高资金的使用效率，借入的资金过多会增大企业的财务风险，但通常可以提高盈利，借入的资金过少会降低资金的使用效率。净资产收益率也是衡量资金使用效率的重要财务指标。

（4）营业净利率。

营业净利率是净利润和营业收入的比率，反映了企业营业收入创造净利润的能力。营业净利率是企业销售的最终获利能力指标，比率越高，说明企业的获利能力越强。在分析该比率时应注意，营业收入包含主营业务收入和其他业务收入，利润不仅受营业收入的影响，还受投资收益、营业外收支等因素的影响。从营业净利率的指标关系看，净利润和营业净利率呈正比关系，而营业收入和营业净利率呈反比关系。通过分析营业净利率的升降变动，可以促进公司在扩大营业业务收入的同时，改善经营管理，提高盈利水平。

（5）成本费用利润率。

成本费用利润率是企业一定期间的利润总额和成本、费用总额的比率。计算公式为：

成本费用利润率=利润总额/成本费用总额×100%

成本费用利润率指标表明每付出一元成本费用可获得多少利润，体现了经营耗费所带来的经营成果。该项指标越高，利润就越多，企业的经济效益越好。

（6）盈余现金保障倍数。

盈余现金保障倍数又称为利润现金保障倍数，指企业一定时期经营现金净流量同净利润的比值，反映了企业当期净利润中现金收益的保障程度，真实地反映了企业的盈余的质量。盈余现金保障倍数从现金流入和流出的动态角度对企业收益的质量进行评价，是对企业实际收益能力的再一次修正。计算公式为：

盈余现金保障倍数=经营现金净流量/净利润×100%

一般而言，当企业当期净利润大于0时，该指标应当大于1。该指标越大，表明企业经营活动产生的净利润对现金的贡献越大，利润的可靠性较高，具有一定的派现能力。但是，由于指标分母变动较大，因此该指标的数值变动也比较大，所以，对该指标的应用应根据企业实际效益状况有针对性地进行分析。

2.偿债能力

偿债能力是企业用其资产偿还长期债务和短期债务的能力。企业有无支付现金的能力和偿还债务能力，是企业能否健康生存和发展的关键。具体来说，偿债能力是指企业偿还到期债务（包含本金及利息）的能力。能否及时偿还到期债务，是反映企业财务状况好坏的重要标志。通过对偿债能力的分析，可以考察企业持续经营的能力和风险，有助于对企业未来收益进行预测。企业偿债能力包括短期偿债能力和长期偿债能力两个方面，主要有流动比率、速动比率、现金比率、资产负债率、产权比率、权益乘数等指标。在系统中，有关界面如图3-4所示。

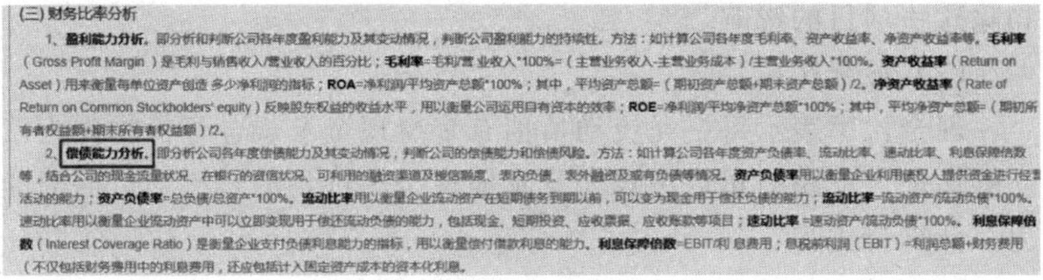
(三)财务比率分析

1、**盈利能力分析。**即分析和判断公司各年度盈利能力及其变动情况，判断公司盈利能力的持续性。方法：如计算公司各年度毛利率、资产收益率、净资产收益率等。**毛利率**（Gross Profit Margin ）是毛利与销售收入/营业收入的百分比；**毛利率**=毛利/营 业收入*100%=（主营业务收入-主营业务成本）/主营业务收入*100%。**资产收益率**（Return on Asset）用来衡量每单位资产创造 多少净利润的指标；**ROA**=净利润/平均资产总额*100%；其中，平均资产总额=（期初资产总额+期末资产总额）/2。**净资产收益率**（Rate of Return on Common Stockholders' equity）反映股东权益的收益水平，用以衡量公司运用自有资本的效率；**ROE**=净利润/平均净资产总额*100%；其中，平均净资产总额=（期初所有者权益额+期末所有者权益额）/2。

2、**偿债能力分析。**即分析公司各年度偿债能力及其变动情况，判断公司的偿债能力和偿债风险。方法：如计算公司各年度资产负债率、流动比率、速动比率、利息保障倍数等，结合公司的现金流量状况、在银行的资信状况、可利用的融资渠道及授信额度、表内负债、表外融资及或有负债等情况。**资产负债率**用以衡量企业利用债权人提供资金进行经营活动的能力；**资产负债率**=总负债/总资产*100%。**流动比率**用以衡量企业流动资产在短期债务到期以前，可以变为现金用于偿还负债的能力；**流动比率**=流动资产/流动负债*100%。速动比率用以衡量企业流动资产中可以立即变现用于偿还流动负债的能力，包括现金、短期投资、应收票据、应收账款等项目；**速动比率** =速动资产/流动负债*100%。**利息保障倍数**（Interest Coverage Ratio）是衡量企业支付负债利息能力的指标，用以衡量偿付借款利息的能力。**利息保障倍数**=EBIT/利 息费用；息税前利润（EBIT）=利润总额+财务费用（不仅包括财务费用中的利息费用，还应包括计入固定资产成本的资本化利息。

图3-4 偿债能力

（1）流动比率。

流动比率表示每一元流动负债有多少流动资产作为偿还的保证，反映了公司流动资产对流动负债的保障程度。计算公式为：

流动比率=流动资产合计/流动负债合计

一般情况下，该指标越大，表明公司短期偿债能力越强。该指标的基准水平一般为2。在运用该指标分析公司短期偿债能力时，也应该结合存货的规模、周转速度、变现能力和变现价值等指标进行综合分析。如果某一公司虽然流动比率高，但其存货规模大，周转速度慢，有可能因为存货变现能力弱造成变现价值低，那么，该公司的实际短期偿债能力就要比指标反映的弱。

（2）速动比率。

速动比率表示每一元流动负债有多少速动资产作为偿还的保证，进一步反映流动负债的保障程度。计算公式为：

速动比率=（流动资产合计-存货）/流动负债合计

一般情况下，该指标越大，表明公司短期偿债能力越强，该指标的基准水平为1。在运用该指标分析公司短期偿债能力时，应结合应收账款的规模、周转速度和其他应收款的规模，以及它们的变现能力进行综合分析。如果某公司速动比率较高，但是应收账款周转速度慢，而且其他应收款的规模大，变现能力差，那么该公司较为真实的短期偿债能力要比该指标反映的差。由于预付账款、待摊费用、其他流动资产等指标的变现能力差或无法变现，因此，如果这些指标较大，在计算速动比率分析公司的短期偿债能力时，还应扣除这些项目的影响。

（3）现金比率。

现金比率表示每一元流动负债有多少现金及现金等价物作为偿还的保证，反映公司可用现金及其他现金等价物清偿流动负债的能力。计算公式为：

现金比率=（现金+现金等价物）/流动负债合计

该指标能真实地反映公司实际的短期偿债能力，该指标值越大，反映公司的短期偿债能力越强。但是，如果该指标过高，可能意味着企业拥有过多盈利能力较低的现金类资产，企业的资产未能得到有效的运用。

（4）资产负债率。

资产负债率又称为举债经营比率，是用以衡量企业利用债权人提供资金进行经营活动的能力，从另一个角度看，它还是债权人发放贷款时考量安全程度的指标。通过将企业的负债总额与资产总额相比较，可以看出企业全部资产中源于负债的比重。资产负债率表示公司总资产中有多少是通过负债筹集的，该指标是评价公司负债水平的综合指标。如果资产负债率达到1倍或者超过1倍，则表明公司已经没有净资产或资不抵债。在企业管理中，资产负债率的高低也不是一成不变的，要看从什么角度分析，债权人、投资者（或股东）、经营者的考量要点各不相同；还要看国际国内经济大环境是顶峰回落期还是见底回升期；还要看管理层是激进者、中庸者还是保守者，所以并没有统一的标准。但是对企业来说，一般认为，资产负债率的适宜水平是40%～60%。

（5）产权比率。

产权比率是指负债总额和所有者权益总额的比率，是用来反映总资产结构的指标。产权比率过高说明企业负债过高，反映企业长期偿债能力差，也反映了企业清算时企业所有者权益对债权人利益的保障程度。产权比率高意味着企业处于一种高风险、高报酬的财务结构。从股东角度来说，在通货膨胀时期，企业举债可以将损失和风险转移给债权人；在经济繁荣时期，举债经营可以获得额外的利润；在经济萎缩时期，举债较少可以降低利息负担和财务风险。

（6）权益乘数。

权益乘数即股东权益比例的倒数，表示资产总额是股东权益总额的多少倍，是杜邦分析法的一个指标。权益乘数反映了企业财务杠杆的大小，权益乘数越大，说明股东投入的资本在资产中所占的比重越小，财务杠杆越大。计算公式为：

权益乘数=资产总额/股东权益总额=1+产权比率

权益乘数代表公司所有可供运用的总资产是权益的几倍。权益乘数越大，表明企业负债越多，代表公司向外融资的财务杠杆倍数也越大，公司以及公司的债权人将承担较大的风险。但是，如果公司营运状况刚好处在上升趋势时，较高的权益乘数则可以创造更高的公司盈利。

3.营运能力

营运能力指企业营运资产的效率和效益。企业营运资产的效率主要体现为资产的周转率或周转速度，效益通常指企业的产出量和资产占用量之间的比率。对企业的营运能力进行分析，需要通过对反映企业资产营运效率和效益的指标进行计算与分析，从而评价企业的营运能力，为效率和效益的提高指明方向。营运能力分析可以评价企业资产营运的效率，可以发现企业在资产营运时存在的问题，营运能力分析是盈利能力和偿债能力的基础和补充。反映企业资产营运能力的指标较多，最重要的几个指标包括总资产周转率、流动资产周转率、应收账款周转率、存货周转率。在系统中，有关界面如图3-5所示。

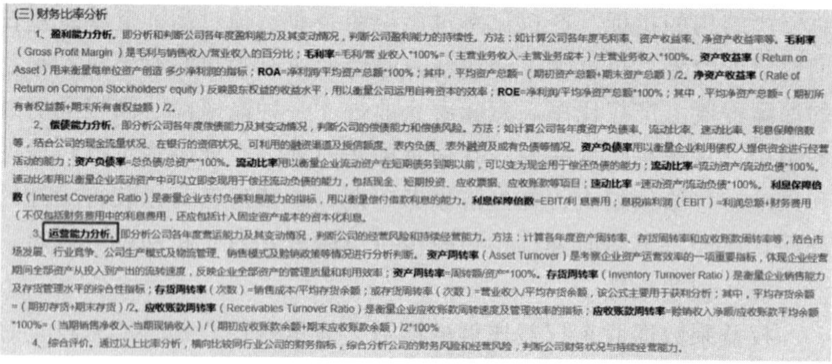
(三)财务比率分析

1、**盈利能力分析。**即分析和判断公司各年度盈利能力及其变动情况，判断公司盈利能力的持续性。方法：如计算公司各年度毛利率、资产收益率、净资产收益率等。**毛利率**（Gross Profit Margin）是毛利与销售收入/营业收入的百分比；**毛利率**=毛利/营业收入*100%=（主营业务收入-主营业务成本）/主营业务收入*100%。**资产收益率**（Return on Asset）用来衡量每单位资产创造多少净利润的指标；**ROA**=净利润/平均资产总额*100%；其中，平均资产总额=（期初资产总额+期末资产总额）/2。**净资产收益率**（Rate of Return on Common Stockholders' equity）反映股东权益的收益水平，用以衡量公司运用自有资本的效率；**ROE**=净利润/平均净资产总额*100%；其中，平均净资产总额=（期初所有者权益额+期末所有者权益额）/2。

2、**偿债能力分析。**即分析公司各年度偿债能力及其变动情况，判断公司的偿债能力和偿债风险。方法：如计算公司各年度资产负债率、流动比率、速动比率、利息保障倍数等，结合公司的现金流量状况、在银行的资信状况、可利用的融资渠道及授信额度、表内负债、表外融资及或有负债等情况。**资产负债率**用以衡量企业利用债权人提供资金进行经营活动的能力；**资产负债率**=总负债/总资产*100%。**流动比率**用以衡量企业流动资产在短期债务到期以前，可以变为现金用于偿还负债的能力；**流动比率**=流动资产/流动负债*100%。速动比率用以衡量企业流动资产中可以立即变现用于偿还流动负债的能力，包括现金、短期投资、应收票据、应收账款等项目；**速动比率**=速动资产/流动负债*100%。**利息保障倍数**（Interest Coverage Ratio）是衡量企业支付负债利息能力的指标，用以衡量偿付借款利息的能力。**利息保障倍数**=EBIT/利息费用；息税前利润（EBIT）=利润总额+财务费用（不仅包括财务费用中的利息费用，还应包括计入固定资产成本的资本化利息。

3、**运营能力分析。**即分析公司各年度营运能力及其变动情况，判断公司的经营风险和持续经营能力。方法：计算各年度资产周转率、存货周转率和应收账款周转率等，结合市场发展、行业竞争、公司生产模式及物流管理、销售模式及赊销政策等情况进行分析判断。**资产周转率**（Asset Turnover）是考察企业资产运营效率的一项重要指标，体现企业经营期间全部资产从投入到产出的流转速度，反映企业全部资产的管理质量和利用效率；**资产周转率**=周转额/资产*100%。**存货周转率**（Inventory Turnover Ratio）是衡量企业销售能力及存货管理水平的综合性指标；**存货周转率**（次数）=销售成本/平均存货余额；或存货周转率（次数）=营业收入/平均存货余额，该公式主要用于获利分析；其中，平均存货余额=（期初存货+期末存货）/2。**应收账款周转率**（Receivables Turnover Ratio）是衡量企业应收账款周转速度及管理效率的指标；**应收账款周转率**=赊销收入净额/应收账款平均余额*100%=（当期销售净收入-当期现销收入）/（期初应收账款余额+期末应收账款余额）/2*100%

4、综合评价。通过以上比率分析，横向比较同行业公司的财务指标，综合分析公司的财务风险和经营风险，判断公司财务状况与持续经营能力。

图3-5 营运能力

（1）总资产周转率。

总资产周转率是企业一定时期的销售收入净额与平均资产总额之比，它是衡量资产投资规模与销售水平配比情况的指标。总资产周转率越高，说明企业销售能力越强，资产投资的效益越好。总资产周转率是考察企业资产运营效率的一项重要指标，体现了企业经营期间全部资产从投入到产出的流转速度，反映了企业全部资产的管理质量和利用效率。通过该指标的对比分析，可以反映企业本年度以及以前年度总资产的运营效率和变化，发现企业与同类企业在资产利用上的差距，促进企业挖掘潜力、积极创收、提高产品市场占有率、提高资产利用效率。一般情况下，总资产周转率数值越高，表明企业总资产周转速度越快，销售能力越强，资产利用效率越高。

（2）流动资产周转率。

流动资产周转率指企业一定时期内主营业务收入净额同平均流动资产总额的比率，流动资产周转率是评价企业资产利用率的一个重要指标。该指标反映了企业流动资产周转速度，是从企业全部资产中流动性最强的流动资产角度对企业资产的利用效率进行分析，以进一步揭示影响企业资产质量的主要因素。要实现该指标的良性变动，应以主营业务收入增幅高于流动资产增幅做保证。通过该指标的对比分析，可以促进企业加强内部管理，充分有效地利用流动资产，如降低成本、调动暂时闲置的货币资金用于短期投资创造收益等，还可以促进企业采取措施扩大销售，提高流动资产的综合使用效率。

（3）应收账款周转率。

应收账款是企业流动资产除存货外的另一重要项目。应收账款周转率是企业在一定时期内赊销净收入与平均应收账款余额之比。它是衡量企业应收账款周转速度及管理效率的指标。公司的应收账款在流动资产中具有举足轻重的地位。公司的应收账款如能及时收回，公司的资金使用效率便能大幅提高。应收账款周转率就是反映公司应收账款周转速度的比率。它说明一定期间内公司应收账款转为现金的平均次数。用时间表示的应收账款周转速度为应收账款周转天数，也称平均应收账款回收期或平均收现期。它表示公司从获得应收账款的权利到收回款项、变成现金所需要的时间。关于该指标，一般认为其具有一定的缺陷，比如销售收入的赊销比例问题，应收账款是赊销引起的，计算时应使用赊销额取代销售收入。但是，外部分析人无法取得赊销的数据，只好直接使用销售收入计算。应收账款年末余额的可靠性有一定问题，应收账款是特定时点的存量，容易受季节性、偶然性和人为因素影响，在使用应收账款周转率进行业绩评价时，最好使用多个时点的平均数，以减少这些因素的影响。应收账款还存在减值问题，财务报表显示的是应收账款的净值，是已经减去减值准备后的金额，但是销售收入并没有相应减少，提取的减值准备越多，应收账款周转天数越少。

（4）存货周转率。

存货周转率是企业一定时期营业成本和平均存货余额的比率，用于反映存货的周转速度，即存货的流动性及存货资金占用量是否合理。考查存货周转率能促使企业在保证生产经营连续性的同时，提高资金的使用效率，增强企业的短期偿债能力。存货周转率是对流动资产周转率的补充说明，是衡量企业的生产投入、存货管理水平、销售收回能力的综合性指标。存货周转率有两种不同基础的计算方式：第一种是以成本为基础，即一定时期内企业营业成本和存货平均余额间的比率，主要用于企业的流动性分析，反映企业的管理能力；第二种是以收入为基础，即一定时期内企业营业收入与存货平均余额间的比率，主要用于获利能力分析。

综上所述，通过对目标公司的上述比率分析，并且和同行业可比公司的财务指标比较，综合分析公司的财务风险和经营风险，用以判断公司财务状况是否良好，是否存在持续经营问题。

3.4.4 和损益有关的项目

1.销售收入

销售收入方面实验的内容有：了解实际会计核算中该行业的收入确认一般原则以及公司确认收入的具体标准，判断收入确认具体标准是否符合会计准则的要求，是否存在提前或延迟确认收入或虚计收入的情况；核查公司在会计期末是否存在突击确认销售的情况，期末收到销售款项是否存在期后不正常流出的情况；分析公司经营现金净流量的增减变化情况是否与公司销售收入变化情况相符，关注交易产生的经济利益是否真正流入企业；取得公司收入的产品构成、地域构成及变动情况的详细资料，分析收入及其构成变动情况是否符合行业和市场同期的变化情况，如图3-6所示；取得公司主要产品报告期价格变动的资料，了解报告期内的价格变动情况，分析公司主要产品价格变动的基本规律及对公司收入变动的影响；关注公司销售模式对其收入核算的影响及是否存在异常，了解主要经销商的资金实力、销售网络、所经销产品对外销售和回款等情况；核查公司的产品销售核算与经销商的核算是否存在重大不符。

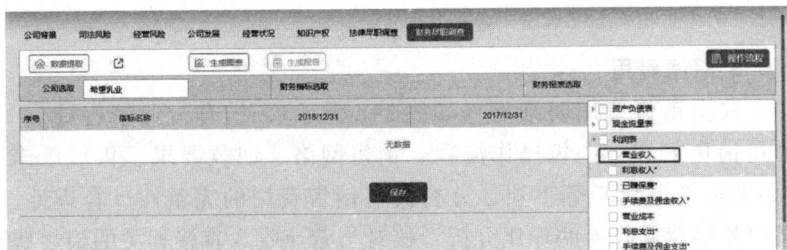

图3-6 销售收入

2.销售成本和销售毛利

根据公司的生产流程，搜集相应的业务管理文件，了解公司生产经营各环节成本核算方法和步骤，确认公司报告期成本核算的方法是否保持一致。获取报告期主要产品的成本明细表，了解产品单位成本及构成情况，包括直接材料、直接人工、燃料和动力、制造费用等，如图3-7所示。报告期内主要产品单位成本大幅变动的，应进行因素分析并结合市场和同行业企业情况判断其合理性。对照公司的工艺流程、生产周期和在产品历史数据，分析期末在产品余额的合理性，关注期末存货中在产品是否存在余额巨大等异常情况，判断是否存在应转未转成本的情况。计算公司报告期的利润率指标，分析其报告期内的变化情况并判断其未来变动趋势，与同行业企业进行比较分析，判断公司产品毛利率、营业利润率等是否正常，存在重大异常的应进行多因素分析并进行重点核查。

图3-7　销售成本

3.期间费用

取得销售费用明细表（如图3-8所示），结合行业销售特点、公司销售方式、销售操作流程、销售网络、回款要求、售后承诺（如无条件退货）等事项，分析公司销售费用的完整性、合理性。对照各年营业收入的环比分析，核对与营业收入直接相关的销售费用变动趋势是否与前者一致。两者变动趋势存在重大不一致的，应进行重点核查。取得公司管理费用明细表，分析是否存在异常的管理费用项目，如存在，应通过核查相关凭证、对比历史数据等方式予以重点核查。关注控股股东、实际控制人或关联方占用资金的相关费用情况。取得财务费用明细表，对公司存在较大银行借款或付息债务的，应对其利息支出情况进行测算，结合对固定资产的调查，确认大额利息资本化的合理性。

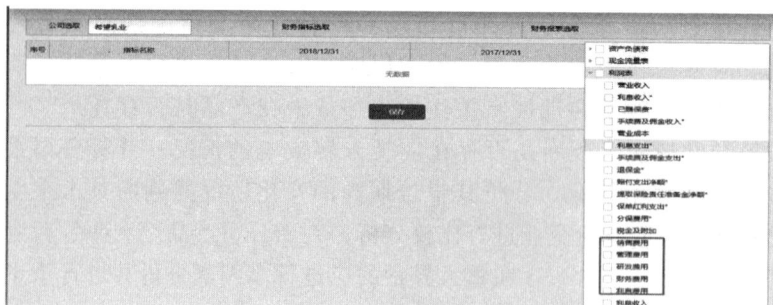

图3-8　销售费用

4.非经常性损益项目

取得经注册会计师验证的公司报告期加权平均净资产收益率和非经常性损益明细表，如图3-9所示，逐项核查是否符合相关规定，调查非经常性损益的来源、取得依据和相关凭证以及相关款项是否真实收到、会计处理是否正确，并分析其对公司财务状况和经营业绩的影响。结合业务背景和业务资料，判断重大非经常性损益项目发生的合理性和计价的公允性。计算非经常性损益占当期利润比重，分析由此产生的风险。

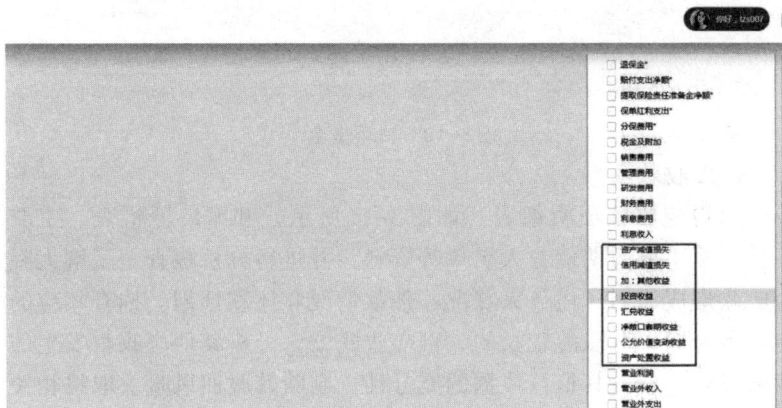

图3-9 非经常性损益

3.4.5 和资产状况有关的项目

1.货币资金

取得或编制货币资金明细表，如图3-10所示。通过取得公司银行账户资料、向银行函证等方式，核查定期存款账户、保证金账户、非银行金融机构账户等非日常结算账户形成原因及目前状况。对于在证券营业部开立的证券投资账户，还应核查公司是否及时完整地核算了证券投资及其损益。抽查货币资金明细账，重点核查大额货币资金的流出和流入，分析是否存在合理的业务背景，判断其存在的风险。核查大额银行存款账户，判断其真实性。分析金额重大的未达账项形成的原因及影响。关注报告期货币资金的期初余额、本期发生额和期末余额。

图3-10　货币资金

2.应收款项

取得应收款项明细表（如图3-11所示）和账龄分析表、主要债务人及主要逾期债务人名单等资料，并进行分析核查。了解大额应收款形成原因、债务人状况、催款情况和还款计划。抽查相应的单证和合同，对账龄较长的大额应收账款，分析其他应收款发生的业务背景，核查其核算依据的充分性，判断其收回风险。取得相关采购合同，核查大额预付账款产生的原因、时间和相关采购业务的执行情况。调查应收票据取得、背书、抵押和贴现等情况，关注由此产生的风险。

结合公司收款政策、应收账款周转情况、现金流量情况，对公司销售收入的回款情况进行分析，关注报告期应收账款增幅明显高于主营业务收入增幅的情况，判断由此引致的经营风险和对持续经营能力的影响。判断坏账准备计提是否充分、是否存在操纵经营业绩的情形。分析报告期内与关联方之间往来款项的性质，为正常业务经营往来还是无交易背景下的资金占用。

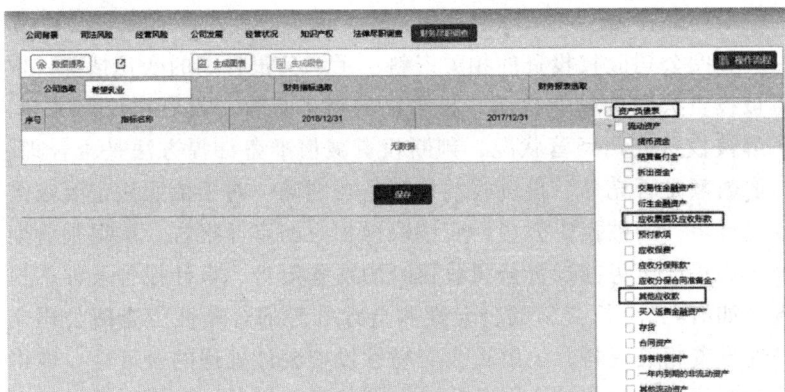

图3-11　应收款项

3.存货

取得存货明细表（如图3-12所示），核查存货余额较大、周转率较低的情况。结合生产情况、存货结构及变动情况，核查存货报告期内大幅变动的原因。结合原材料及产品特性、生产需求、存货库存时间长短，实地抽盘大额存货，确认存货计价的准确性，核查是否存在大量积压或冷备情况，分析提取存货跌价准备的计提方法是否合理、提取数额是否充分；测算发出存货成本的计量方法是否合理。

图3-12　存货

4.对外投资

查阅公司股权投资的相关资料,了解其报告期的变化情况。取得被投资公司的营业执照、报告期的财务报告、投资协议等文件,了解被投资公司经营状况,判断投资减值准备计提方法是否合理、提取数额是否充分、投资收益核算是否准确。对于依照法定要求需要进行审计的被投资公司,应该取得相应的审计报告。取得报告期公司购买或出售被投资公司股权时的财务报告、审计报告及评估报告(如有),分析交易的公允性和会计处理的合理性。查阅公司交易性投资相关资料,了解重大交易性投资会计处理的合理性。取得重大委托理财的相关合同及公司内部的批准文件,分析该委托理财是否存在违法违规行为。取得重大项目的投资合同及公司内部的批准文件,核查其合法性、有效性,结合项目进度情况,分析其影响及会计处理合理性。了解集团内部关联企业相互投资,以及间接持股的情况。

5.固定资产

取得固定资产的折旧明细表(如图3-13所示)和减值准备明细表,通过询问生产部门、设备管理部门和基建部门以及实地观察等方法,核查固定资产的使用状况、在建工程的施工进度,确认固定资产的使用状态是否良好,在建工程是否达到结转固定资产的条件,了解是否存在已长期停工的在建工程、长期未使用的固定资产等情况。分析固定资产折旧政策的稳健性以及在建工程和固定资产减值准备计提是否充分,根据固定资产的会计政策对报告期内固定资产折旧计提进行测算。

6.无形资产

对照无形资产的有关协议、资料,了解重要无形资产的取得方式、入账依据、初始金额、摊销年限及确定依据、摊余价值及剩余摊销年限,如图3-14所示。无形资产的原始价值是以评估值作为入账依据的,应该重点关注评估结果及会计处理是否合理。

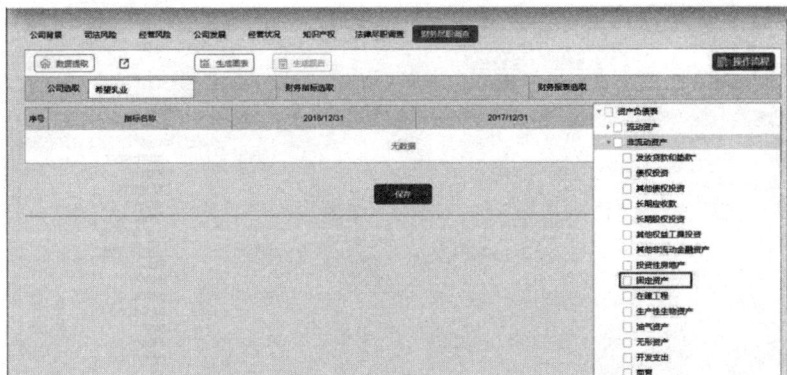

图3-13　固定资产

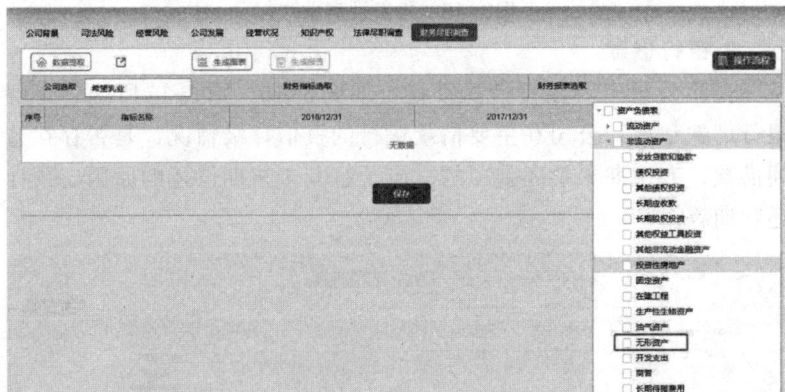

图3-14　无形资产

7.投资性房地产

　　核查重要投资性房地产的种类和计量模式，如图3-15所示，采用成本模式的，核查其折旧或摊销方法以及减值准备计提依据。采用公允价值模式的，核查其公允价值的确定依据和方法。了解重要投资性房地产的转换及处置的确认和计量方法，判断上述会计处理方法是否合理，分析其对公司经营状况的影响程度。

图3-15　投资性房地产

8.银行借款

查阅公司主要银行借款资料，如图3-16、图3-17所示，了解银行借款状况，公司在主要借款银行的资信评级情况，是否存在逾期借款，有逾期未偿还款项的，应了解其未按期偿还的原因、预计还款期等。

图3-16　短期借款

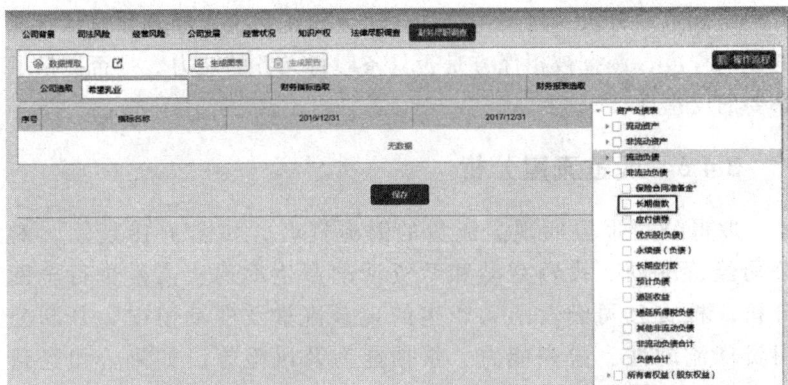

图3-17 长期借款

9.应付款项

取得应付款项明细表，如图 3-18 所示，了解应付票据是否真实支付、大额应付账款的账龄和逾期未付款原因、大额其他应付款及长期应付款的具体内容和业务背景、大额应交税费欠缴情况等。

图3-18 应付款项

10.对外担保

取得公司对外担保的相关资料，计算担保金额占公司净资产、总资产的比重，调查担保决策过程是否符合有关法律法规和公司章程等的规定，分析一旦发生损失，对公司正常生产经营和盈利状况的影响程度，调查被担保方是否具备履行义务的能力、是否提供了必要的反担保。

3.4.6 现金流量分析

取得公司报告期现金流量的财务资料，如图3-19所示，对公司经营活动、投资活动和筹资活动产生的现金流量进行全面分析。核查公司经营活动产生的现金流量及变动情况，判断公司资产流动性、盈利能力、偿债能力及风险等。如果公司经营活动产生的现金流量净额持续为负或远低于同期净利润，应进行专项核查，并判断其真实盈利能力和持续经营能力。对最近三个会计年度经营活动产生的现金流量净额的编制进行必要的复核和测算。

图3-19 现金流量

3.4.7 纳税情况

1.税收缴纳

查阅公司报告期的纳税资料，调查公司及其控股子公司所执行的税种、税基、税率是否符合现行法律、法规的要求及报告期是否依法纳税。

2.税收优惠

取得公司税收优惠或财政补贴资料，核查公司享有的税收优惠或财政补贴是否符合财政管理部门和税收管理部门的有关规定，调查税收优惠或财政补贴的来源、归属、用途及会计处理等情况，关注税收优惠期或补贴期及未来影响，分析公司对税收政策的依赖程度和对未来经营业绩、财务状况的影响。

3.5 实验过程

3.5.1 财务报表分析

进入某一个项目的财务尽职调查页面，选取财务报表，可以在页面上进行三大财务报表的分析，也可以点击 Excel 导出，如图 3-20 所示，对该项目近三年的财务报表进行深层次分析。

图3-20 财务报表分析

结合上一部分的理论要点，对该项目进行财务报表的分析，如图 3-21 所示，分析近三年的货币资金的变化，账面上的货币资金是否可以支撑该公司进行经营项目或者非经营项目的投资等；分析近三年存货的变化，是否出现存货积压的情况；分析近三年的营业收入以及利润的变化，有关变化是否由于行业的周期性变化或者国际宏观经济的变化等。

指标名称	2018-12-31	2017-12-31	2016-12-31
货币资金	397192819	654081220	800251651
结算备付金*	0	0	0
拆出资金*	0	0	0
交易性金融资产	0	0	0
衍生金融资产	0	0	0
应收票据及应收账款	305358916	252777434	241099331
预付款项	37570815	30729530	29321027
应收保费*	0	0	0
应收分保账款*	0	0	0
应收分保合同准备金*	0	0	0
其他应收款	43525342	126717277	252123403
买入返售金融资产*	0	0	0
存货	272939279	248693019	238477188
合同资产	0	0	0
持有待售资产	0	0	0
一年内到期的非流动资产	100000000	0	0
其他流动资产	82107392	38301819	876278
流动资产合计	123869456	135130029	1562148878
发放贷款和垫款*	0	0	0
债权投资	0	0	0

图3-21　财务报表分析——Excel导出

3.5.2　财务比率分析

结合上述实验的理论要点，可以了解到财务比率分析就是财务指标分析，它是根据同一时期财务报表中两个或多个项目之间的关系、计算比率以评价企业的财务状况和经营成果。财务比率可以评价某项投资在各年之间收益的变化，也可以在某一时点比较某一行业的不同企业。财务比率分析可以消除规模的影响，用来比较不同企业的收益和风险，帮助投资者和债权人做出正确的决策。本系统从多个维度使用户能够对某项目进行分析，包括盈利能力、偿债能力、营运能力、成长能力、杜邦分析和Z值预警。

1.盈利能力

本系统涵盖的反映盈利能力的指标包括毛利率、资产收益率、净资产收益率、营业净利率，如图3-22所示。用户需要根据该公司近一年的财务报表的数据估算该公司的盈利指标，用以分析该公司的盈利能力，以确定该公司是否值得投资。

图3-22 盈利能力指标——测算

点击"查看计算流程"，如图3-23所示，根据查看计算流程页面的公式，对该公司的反映盈利能力的指标进行测算，并根据上述实验的理论要点以及下列计算公式，对这些指标进行分析。需要注意的是，这些指标的测算基础均为2018年的三大财务报表数据，用户可以将财务报表导出，进行测算后，将正确的值输入系统。

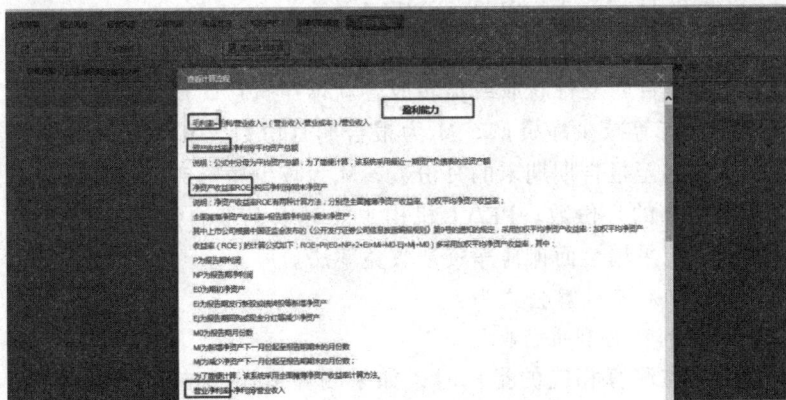

图3-23 盈利能力指标——查看计算流程

（1）毛利率。

毛利率计算公式为：

毛利率=毛利/营业收入=（营业收入-营业成本）/营业收入

（2）资产收益率。

资产收益率（ROA）计算公式为：

资产收益率=净利润/平均资产总额

需要说明的是，在理论要点以及该公式中分母为平均资产总额，但是为了简便计算，该系统采用最近一期资产负债表的总资产额作为分母。

（3）净资产收益率。

净资产收益率（ROE）计算公式为：

净资产收益率=税后净利润/期末净资产

需要说明的是，净资产收益率有两种计算方法，分别是全面摊薄净资产收益率和加权平均净资产收益率。其中：

全面摊薄净资产收益率=净利润/期末净资产=净利润/期末所有者权益

对上市公司而言，根据中国证监会发布的《公开发行证券公司信息披露编报规则》第九号通知的规定，采用加权平均净资产收益率，加权平均净资产收益率的计算公式为：

$$ROE=P/（E_0+NP÷2+E_i×M_i÷M_0-E_j×M_j÷M_0）$$

其中：P 为报告期利润，E_0 为期初净资产，NP 为报告期净利润，E_i 为报告期发行新股或债转股等新增净资产，E_j 为报告期回购或现金分红等减少净资产，M_0 为报告期月份数，M_i 为新增净资产下一月份起至报告期期末的月份数，M_j 为减少净资产下一月份起至报告期期末的月份数。PE/VC 机构主要对未上市的公司进行投资，因此本系统采用全面摊薄净资产收益率法。

营业净利率计算公式为：

营业净利率=净利润/营业收入

用户在测算相应的指标时，如果测算错误，结果会显示为红色，提醒用户测算的指标数据和实际存在较大的偏差，系统允许用户计算三次，且修改三次后不能再进行修改，以最新的数据进行记录，如图3-24所示。

公司选取 希望乳业 财务指标选取 财务报表选取

序号	指标名称	2018/12/31	2017/12/31	2016/12/31
1	毛利率	1.00	0.32	0.32
2	资产收益率ROA	1.00	0.03	0.07
3	净资产收益率ROE	1.00	0.14	0.21
4	营业净利率	1.00	0.04	0.08

到第 1 页 确定 共4条 20条/页

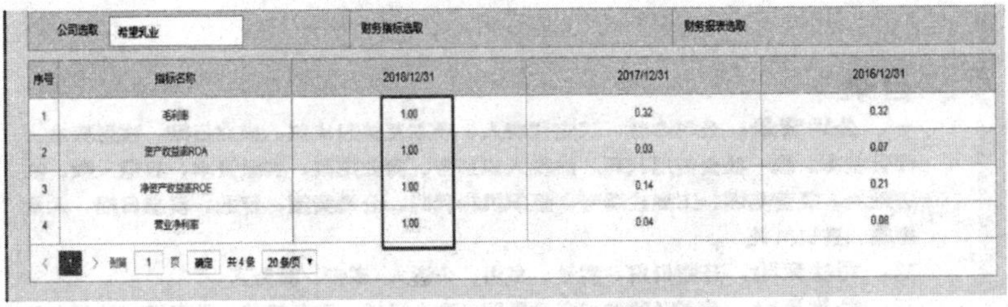

图3-24 盈利能力指标——计算结果

用户可以在测算最新一期的财务指标后，点击生成如图3-25所示的图表，可以通过图表更直观地查看这些指标不同年份的变化，从而做出更快速和准确的决策。

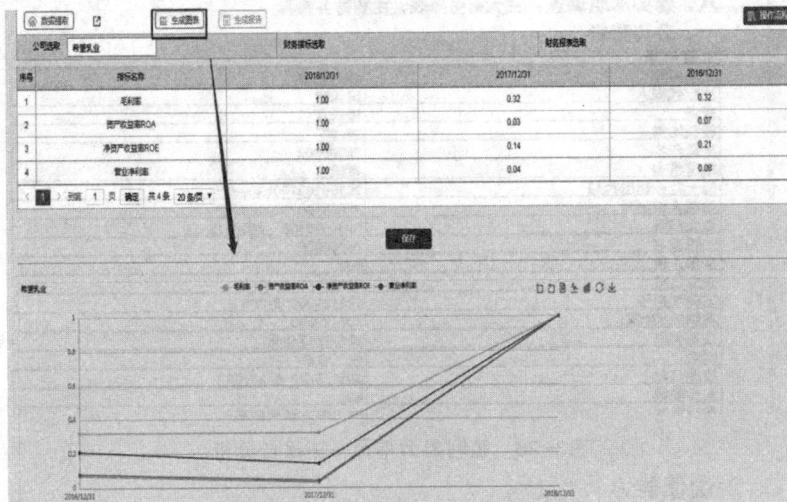

图3-25 盈利能力指标——图表分析

用户在通过测算以及分析后，还可以生成报告，对报告进行进一步的分析，如图3-26所示。报告包含了全方位的尽职调查，包括公司背景、司法风险、经营风险、公司发展、经营状况、知识产权、法律尽职调查和财务尽职调查。

目录

一、公司背景：公司名称、法定代表人、股东及持股比例、成立日期、注册资本、经营状态、统一社会信用代码、纳税人识别号、营业期限、实缴资本、参保人数、注册地址、经营范围、工商注册号、组织机构代码、公司类型、行业、核准日期、人员规模、登记机关

二、司法风险：开庭日期、案号、案由、公诉人/原告、被告人

三、经营风险：列入经营异常名录原因、列入日期、列入机关；移出经营异常名录原因、移出日期、移出机关

四、公司发展：核心团队、核心业务、相关竞品

五、经营状况：公司招聘、抽查检查、行政许可、招投标

六、知识产权：专利信息、网站备案

七、法律尽职调查：行政处罚

八、财务尽职调查：三大财务报表、主要财务指标

一、公司背景

工商信息：

企业名称	希望乳业
法定代表人	田长青
股东	田长青
持股比例	35.00
注册资本	85000000
经营状态	存续
统一社会信用代码	92500100790020998F
纳税人识别号	92500100790020998F
营业期限	2006-06-05 -2099-12-11
实缴资本	75000000
参保人数	200
成立日期	2006/6/5 0:00:00
工商注册号	500100000021365
组织机构代码	701023998
公司类型	股份有限公司
行业	轻工食品
核准日期	2019/3/20 0:00:00
人员规模	500

图3-26　盈利能力指标——报告分析

2.偿债能力

本系统涵盖的反映偿债能力的指标包括流动比率、速动比率、现金比率、资产负债率、产权比率、权益乘数，如图3-27所示。用户需要根据该公司近一年的财务报表的数据估算公司的偿债指标，用来分析该公司的偿债能力，结合前述实验的理论要点，以确定该公司是否属于高杠杆的企业以及使用高杠杆后是有助于该公司发展还是可能使公司面临资不抵债的情况。

图3-27 偿债能力指标——测算

点击"查看计算流程",如图3-28所示,根据计算流程页面的公式,对该公司的反映偿债能力的指标进行测算,并根据上述实验的理论要点以及计算公式,对这些指标进行分析。需要注意的是,这些指标的测算基础均为2018年的三大财务报表数据,用户可以将财务报表导出,进行测算后,将正确的值输入系统。

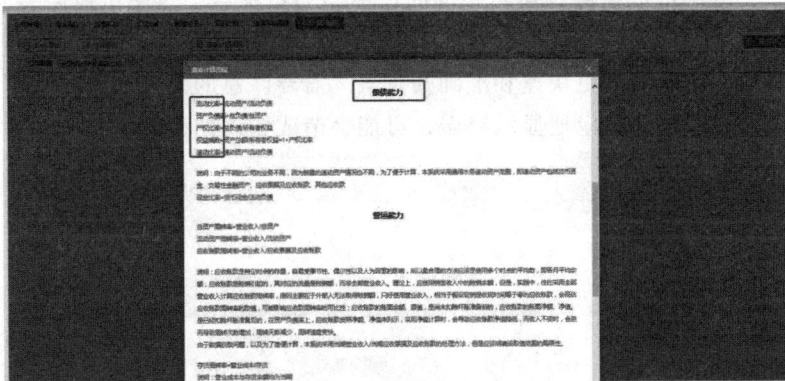

图3-28 偿债能力指标——查看计算流程

需要注意以下两点:

(1)流动比率、速动比率、现金比率的分母均为流动负债的总额,而不能取流动负债的平均值,因为公司需要偿还的是期末的流动负债的金额,平均值不能反映该公司真实的流动负债的金额。

(2)不同的公司由于业务不尽相同,披露的速动资产情况也不相同,因此,该系统为了简便计算,采用通用的速动资产范围,即速动资产包括货币资金、交易性金融资产、应收票据及应收账款和其他应收款。

　　用户在测算相应的指标时，如果测算错误，结果会显示为红色，提醒用户测算的指标数据和实际存在较大的偏差，系统允许用户计算三次，且修改三次后不能再进行修改，以最新的数据进行记录，如图3-29所示。

图3-29　偿债能力指标——计算结果

　　用户可以在测算最新一期的偿债能力指标后，点击生成图表，如图3-30所示。可以通过图表更直观地查看这些指标不同年份的变化，从而做出更快速和准确的决策。需要注意的是，如果测算错误，图表也会相应地显示错误，可能会造成错误的决策。

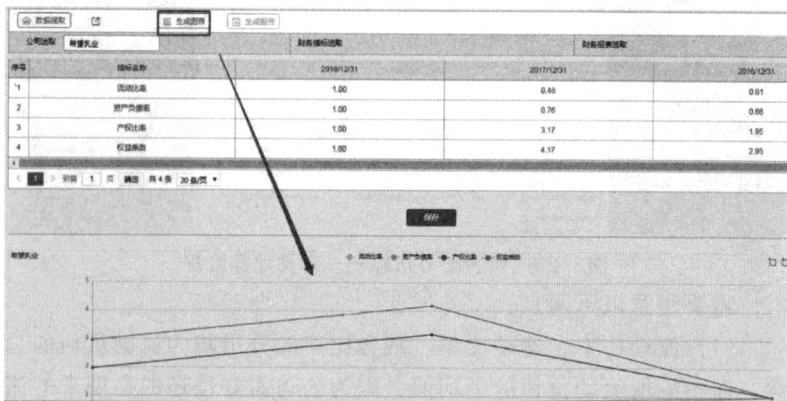

图3-30　偿债能力指标——图表

　　用户在测算及分析后，还可以生成报告，对报告进行进一步的分析。报告包含了全方位的尽职调查，包括公司背景、司法风险、经营风险、公司发展、经营状况、知识产权、法律尽职调查和财务尽职调查等。

3.营运能力

本系统涵盖的反映营运能力的指标包括总资产周转率、流动资产周转率、应收账款周转率、存货周转率，如图3-31所示。用户需要根据该公司近一年的财务报表的数据估算该公司的营运指标，以及不同的资产的周转天数，结合上述实验的理论要点，用以判断该公司的营运能力，并且结合该公司所在行业的特点，判断该公司属于"高盈利、低周转"还是"薄利多销"的类型，用来辅助项目决策。

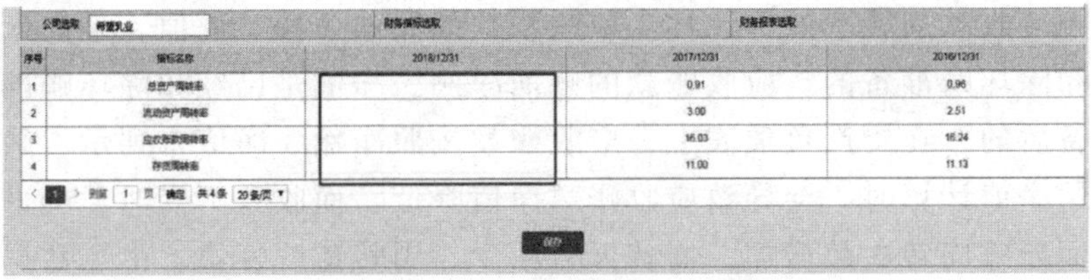

图3-31 营运能力指标——测算

点击"查看计算流程"，如图3-32所示，根据查看计算流程页面的公式，对该公司的反映营运能力的指标进行测算，并根据上述实验的理论要点以及各计算公式，对这些指标进行分析。需要注意的是，这些指标的测算基础均为2018年的三大财务报表数据，用户可以将财务报表导出，进行测算后，将正确的值输入系统。

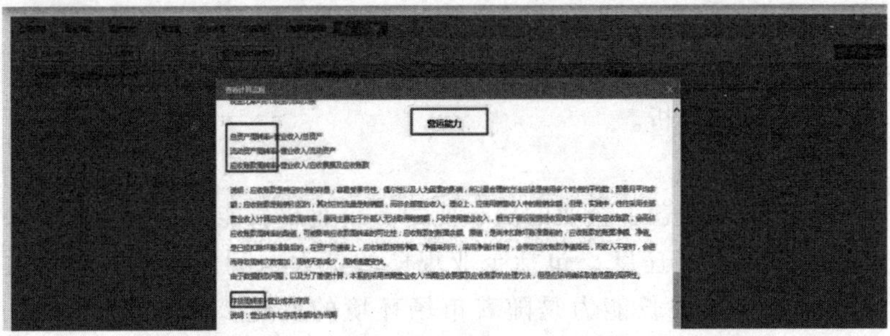

图3-32 营运能力指标——查看计算过程

需要注意的是，从上述实验的理论要点可知，应收账款是特定时点的存量，容易受季节性、偶然性以及人为因素的影响，所以最合理的方法应该是使用多个时点的平均数，即各月平均余额。应收账款是赊销引起的，其对应的流量是赊销额，而非全部营业收入。理论上，应使用销售收入中的赊销余额，但是，实践中往往采用全部营业收入计算应收账款周转率，原因主要在于外部人无法取得赊销额，只好使用营业收入，这相当于假设现销是收现时间等于零的应收账款，会高估应收账款周转率的取值，可能影响应收款周转率的可比性。应收账款的账面余额、原值，是尚未扣除坏账准备的。应收账款的账面净额、净值是已经扣除坏账准备后的。在资产负债表上，应收账款按照净额、净值来列示。采用净值计算时，会导致应收账款净值降低，而收入不变时，会进而导致周转次数增加，周转天数减少，周转速度变快。由于数据获取问题，以及为了简便计算，本系统采用当期营业收入/当期应收票据及应收账款的处理方法，但是应该明确该取值范围的局限性。

存货周转率在此处采用营业成本/存货的方式，用来了解该公司的存货管理能力。

同样地，用户在测算相应的指标时，如果测算错误，结果会显示为红色，提醒用户测算的指标数据和实际存在较大的偏差，系统允许用户计算三次，且修改三次后不能再进行修改，以最新的数据进行记录。用户也可以通过图表展示的方式和生成报告的方式对其进行进一步的分析。

4.成长能力

本系统也涵盖了企业的成长能力。企业成长能力是指企业未来发展趋势与发展速度，包括企业规模的扩大、利润和所有者权益的增加。企业成长能力是随着市场环境的变化，企业资产规模、盈利能力、市场占有率持续增长的能力，反映了企业未来的发展前景。企业成长能力分析是对企业扩展经营能力的分析，考查企业通过逐年增加或通过其他融资方式获取资金扩大经营的能力。
这里选择的评价企业成长能力的指标主要是主营业务增长率，如
图 3-33 所示。

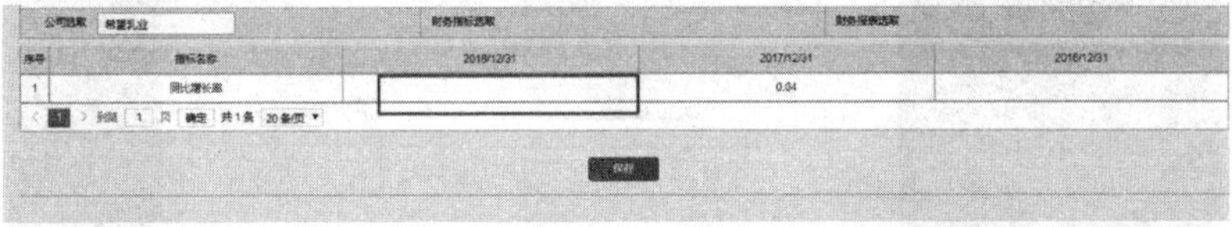

图3-33 成长能力指标——测算

点击"查看计算流程"，如图 3-34 所示，根据查看计算流程页
面的公式，对该公司反映成长能力的指标进行测算，并根据下列计
算公式，对这些指标进行分析。需要注意的是，这些指标的测算基
础均为 2018 年的三大财务报表数据，用户可以将财务报表导出，
进行测算后，将正确的值输入系统。

主营业务增长率，即本期的主营业务收入减去上期的主营业务
收入之差再除以上期主营业务收入的比值，计算公式为：

主营业务增长率=（当年营业收入-去年同期营业收入）/去年同期营业收入

通常，具有成长性的公司多数都是主营业务突出、经营比较
单一的公司。因此，利用主营业务收入增长率这一指标可以较好
地考查公司的成长性。主营业务收入增长率高，表明公司产品的
市场需求大，业务扩张能力强。如果一家公司能连续几年保持
30% 以上的主营业务收入增长率，基本上可以认为这家公司具备
成长性。

同样地，用户在测算相应的指标时，如果测算错误，结果会显
示为红色，提醒用户测算的指标数据和实际存在较大的偏差，系统
允许用户计算三次，且修改三次后不能再进行修改，以最新的数据
进行记录。用户也可以通过图表展示的方式和生成报告的方式进行
进一步的分析。

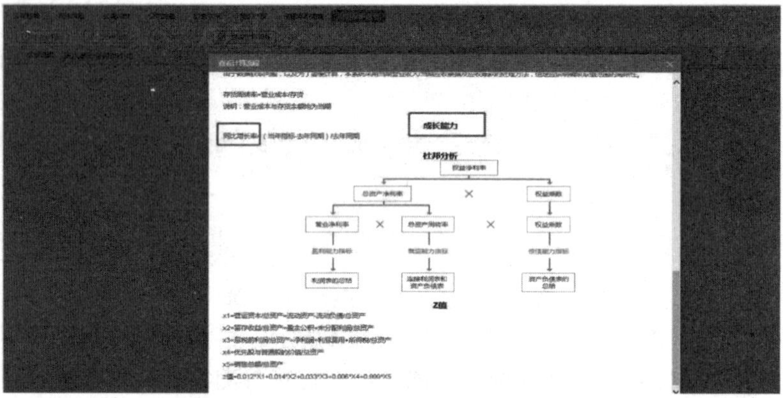

图3-34 成长能力指标——查看计算流程

5.杜邦分析

杜邦分析能够对企业的盈利能力、营运能力和偿债能力进行综合分析，因此，本系统也涵盖了杜邦分析，如图3-35所示。杜邦分析以权益净利率也就是净资产收益率为核心的财务指标，通过财务指标的内在联系，系统、综合分析企业的盈利水平，具有很鲜明的层次结构，是典型的利用财务指标之间的关系对企业财务进行综合分析的方法。杜邦分析利用几种主要的财务比率之间的关系来综合地分析企业的财务状况，这种分析方法最早由美国杜邦公司使用，故名杜邦分析法。杜邦分析法是一种用来评价公司盈利能力和股东权益回报水平，从财务角度评价企业绩效的经典方法。其基本思想是将企业净资产收益率逐级分解为多项财务比率乘积，这样有助于深入分析比较企业经营业绩。

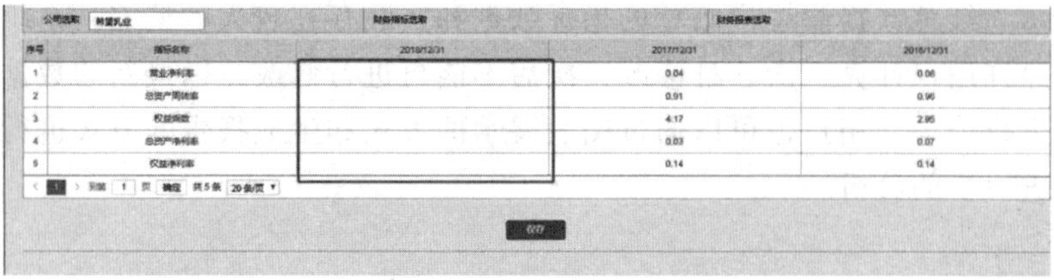

图3-35 杜邦分析——测算

点击"查看计算流程",如图3-36所示,根据查看计算流程页面的公式,对该公司的反映综合能力的杜邦分析指标进行测算,并根据计算公式,对这些指标进行分析。需要注意的是,这些指标的测算基础均为2018年的三大财务报表数据,用户可以将财务报表导出,进行测算后,将正确的值输入系统。

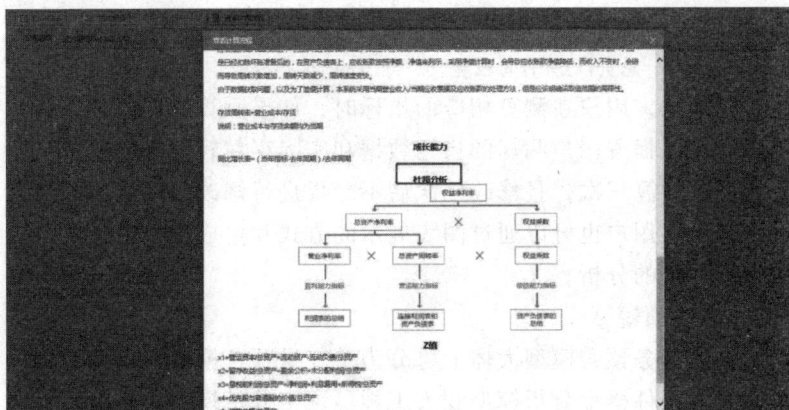

图3-36 杜邦分析——查看计算流程

(1)权益净利率,是一个综合性最强的财务分析指标,是杜邦分析系统的核心,计算公式为:

权益净利率=总资产净利率×权益乘数

(2)总资产净利率,是影响权益净利率最重要的指标,具有很强的综合性,总资产净利率取决于营业净利率和总资产周转率的高低,同时反映了企业的盈利能力和营运能力。总资产周转率反映总资产的周转速度。对资产周转率的分析,需要对影响资产周转的各因素进行分析,以判明影响公司资产周转的主要问题在哪里。营业净利率反映销售收入的收益水平。扩大销售收入、降低成本费用是提高企业销售利润率的根本途径,而扩大销售,同时也是提高资产周转率的必要条件和途径。总资产净利率的计算公式为:

总资产净利率=营业净利率×总资产周转率

（3）权益乘数，是偿债能力的指标，表示企业的负债程度，反映公司利用财务杠杆进行经营活动的程度。资产负债率高，权益乘数就大，说明公司负债程度高，公司会有较多的杠杆利益，但相应的风险也高；反之，资产负债率低，权益乘数就小，说明公司负债程度低，公司会有较少的杠杆利益，但相应的风险也低。权益乘数的计算公式为：

权益乘数=总资产/所有者权益

同样地，用户在测算相应的指标时，如果测算错误，结果会显示为红色，提醒用户测算的指标数据和实际存在较大的偏差，系统允许用户计算三次，且修改三次后不能再进行修改，以最新的数据进行记录。用户也可以通过图表展示的方式和生成报告的方式对其进行进一步的分析。

6.Z值预警

企业财务预警模型大体上可分为单变量预警模型、多元变量预警模型、条件概率分析模型和人工神经网络分析模型。其中，美国纽约大学 Altlan 教授创立的 Z 值模型，又称为 Z 计分模型，被普遍用来分析判别上市公司、非上市公司和跨行业的财务预警。该模型侧面反映了企业的风险，对该模型的变量进行测算和分析，能够更好地辅助项目的决策，如图3-37所示。

序号	指标名称	2018/12/31	2017/12/31	2016/12/31
1	营运资本总资产			
2	保存收溢总资产			0.05
3	息税前利润总资产		0.05	0.10
4	优先股及普通股的市场价值负债		0.10	0.11
5	销售总额总资产		0.91	0.96
6	Z值		0.91	0.91

图3-37   Z值预警——测算

点击"查看计算流程"，如图3-38所示，根据查看计算流程页面的公式，对该公司的 Z 值预警的指标进行测算，并根据下列计算公式，对这些指标进行分析。需要注意的是，这些指标的测算基础均为2018年的三大财务报表数据，用户可以将财务报表导出，进行测算后，将正确的值输入系统。

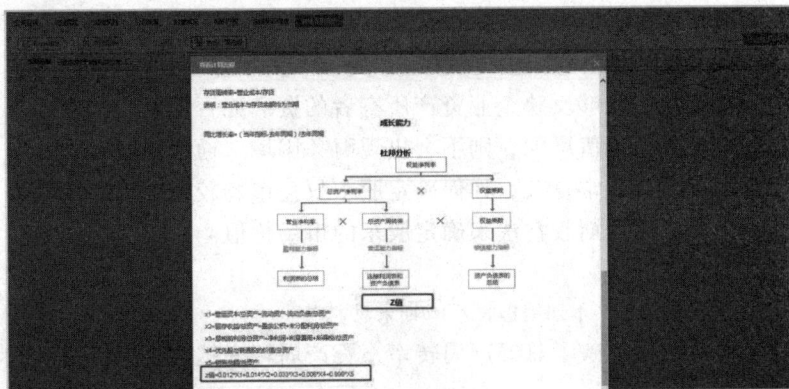

图3-38 Z值预警——查看计算流程

（1）第一步。

X1=营运资本/期末总资产=（流动资产总额−流动负债总额）/期末总资产

X1反映企业流动资产的变现能力和规模特征，企业是否面临财务困境，主要看可以用来偿还债务的流动资产在整个资产中所占比重的大小。可变现的营运资本越多，可以偿还的债务能力越强。陷入财务困境的企业应该优化流动资产的构成，加快存货的周转速度，尽快处理滞留的存货；建立信用等级评分制度，提高应收账款的质量和回收速度，还应该合理安排短期债务，使流动比率的数值提高。

（2）第二步。

X2=期末留存收益/期末总资产=（盈余公积+未分配利润）/期末总资产

企业留存收益是支付了股东股利和税款后的净利润，税后的累计获利能力越大，发生财务风险的可能性越小。

（3）第三步。

X3=息税前利润/期末总资产=（净利润+利息费用+所得税）/期末总资产

该指标考虑了支付所得税和利息之前的利润对企业的贡献度，息税前利润占整个企业资产的比重，一般来讲，总资产规模越大，企业承受财务风险的能力就越大。

（4）第四步。

X4=股份的市场价值/期末总资产

这一指标能够反映企业资产所有者的资产能否增值，如果出现股东权益市场价值增加，则不会出现财务困境。通常情况下，由于企业股权结构非常复杂，如何确定股东权益市场较为困难，因此大部分企业常用预期收益法来确定股东的市场价值。

（5）第五步。

X5=销售总额（本期销售收入）/期末总资产

这一指标反映了总资产周转率，资产周转率越低，周转的时间越长。

（6）第六步。

Z=0.012×X1+0.014×X2+0.033×X3+0.006×X4+0.999×X5

该模型主要将企业的偿债能力指标、盈利能力指标和营运能力指标有机地结合起来综合分析企业破产的可能性，当Z<1.8时，代表企业具有很高的破产概率；当Z>2.99时，说明企业处在安全状态，破产的可能性很小，可以忽略不计；当1.8≤X≤2.99时，代表企业处在灰色区域内，其财务状况不稳定，处在破产附近的不确定状态，需要特别注意，此时，如果企业能够采取有效措施，改善企业经营管理，即有可能转危为安。

同样地，用户在测算相应的指标时，如果测算错误，结果会显示为红色，提醒用户测算的指标数据和实际存在较大的偏差，系统允许用户计算三次，且修改三次后不能再进行修改，以最新的数据进行记录。用户也可以通过图表展示的方式和生成报告的方式对其进行进一步的分析。

3.6 实验报告

（1）进入天择投资银行业务教学系统，一个小组完成两个不同项目的财务尽职调查，复制粘贴在下方。

（2）根据财务尽职调查结果，对项目的财务状况和可持续经营能力进行分析。

（3）为什么要对纳入合并范围的重要控股子公司的财务状况同样履行充分的审慎核查程序？

第 4 章
项目估值分析

4.1　实验概述

投资具有高度的不确定性以及风险性，因此，项目投资价值分析是投资前期一个重要的关键步骤。通过本实验的学习，使学生能够掌握不同估值方法下的项目估值方法，培养学生对项目估值分析的能力，使学生能够预测项目未来的价值。

4.2　实验目的

本章实验目的为：
（1）了解和掌握相对估值法下的三种估值方法。
（2）了解和掌握绝对估值法下的三种估值方法。
（3）了解不同估值方法的适用范围和优缺点。

4.3　实验工具

天择投资银行业务教学系统。

4.4 理论要点

4.4.1 项目估值分析概述

近年来，随着独角兽企业越来越多地崛起，以及PE/VC在中国支撑起越来越多的企业的发展，信息不对称的壁垒不断被打破，投资经理们需要花费更多的时间通过理论和经验来寻找优质投资项目。因此，掌握准确、高效的估值方法论，并且对准备投资的项目能进行系统而且科学的判断，就成为一名优秀的投资人应该具备的技能。

但是，估值方法众多，并且不同的项目由于所在行业不同，比如成长性的行业、周期性的行业等的不同，估值方法也不尽相同。因此，想要完全通过估值计算公司的真正的价值并不现实，也不太可取。但是，可以通过不同方法估算公司的合理价值在哪个范围内，所以，估值更趋向区间分析而不是定点分析。假设用市盈率法估算一个公司价值是1亿~1.3亿元，用EBIT法估算公司价值是1亿~1.5亿元，用现金流估算企业估值0.9亿~1亿元，最后用一个阴影面积，可以估算企业的价值在某一个区间段内。

目前通用的估值方法有以下几种：可比公司法、现金流贴现法、可比交易法、EVA（经济增加值法）、LBO（杠杆收购估值法）等。理论上来说，现金流法最贴近学术基础，更准确，但是该方法依赖过多的假设，结果的准确程度取决于假设的准确程度。在实践中，可比公司法即相对估值方法运用得较多。本实验的理论要点主要讲解可比公司法即相对估值法、现金流贴现法和可比交易法。

4.4.2　项目估值分析的类型

1.可比公司法

可比公司法是通过分析可比公司的估值和营运统计数据，并且和目标公司比较估值。这个方法的特点是计算简单，但是可靠性非常依赖其他公开交易公司的可比程度，包括行业、产品类型、收入规模、增长率、发展阶段等因素的影响。找到合适的可比公司较为困难，即使找到了这样的公司，也会因为该公司的市值差异大或者股价波动异常等原因，影响可比公司的价值。

该模型使用较多的指标，包括市盈率（PE）法、市净率（PB）法、市销率（PS）法，EV/EBITDA 法等。

市盈率法应用比较广泛，原因主要包括三个方面：（1）它将股价和当期收益联系起来，是一种比较直观、易懂的统计量；（2）对于大多数股票而言，计算简单方便；（3）市盈率能够反映股份公司的许多特点，比如风险和增长潜力等。但是，市盈率法的缺陷在于未对风险、增长和股东权益进行估计和预测，并且受主观因素影响较大。

对于一些增长受制于资本金的行业来说，用市净率法比较合适，比如银行、保险业等，但是该方法不适用于资不抵债的公司。

市销率法一般在使用时要考虑公司的负债水平，适用于某些初创型或者短期内无法盈亏平衡，或者波动大的周期性行业的企业。

EV/EBITDA 即企业价值/企业息税摊销前利润，该法一般适用于资本结构较为复杂的负债较高的行业，比如造纸行业等。收购性项目通常考虑使用该指标，比如一些银行并购一些高负债的公司，在并购以后可以用自身的低利息贷款去帮助企业替换掉原有的高负债，因此可以不用参考公司的PE倍数。

2.现金流贴现法

现金流贴现法属于绝对估值方法，是通过预测并且计算未来若干年的自由现金流，并且用适当的贴现率（如加权平均资本成本）

和终值计算方法计算现金流和终值的贴现值，以此计算企业价值和
股东价值。贴现现金流适用于成熟稳定的行业，中国很多行业可预
测性短，相对来说未来1~3年可能预测的准确性高一些，5~10年以
后不确定性因素则大大增加。这种方法计算的估值基础和公司未来
期望的现金流以及折现率有比较大关系，这当中又包含股东以及债
权人的现金流及预期回报率。

3.可比交易法

可比交易法是用可比的公司过去在市场上的交易价格作为参
考，并对比运用到拟投资公司的估值上。这种方式在对一家拟收购
公司的估值比较有效，主要是其考虑了控股权的溢价对价格的影
响。但是这种交易不是高频率发生的，样本量不如上市公司丰富，
而且发生时点的宏观环境、供求关系等因素也会在一定程度上影响
交易的价格。此外，还有一些行业是属于周期性的行业，可比公司
在交易的时候处在周期的哪个阶段对于估值价格也有影响。可比交
易法和可比公司法接近，比如选取同行业上市公司收购案例、一级
市场交易案例等。一般上市公司收购都会有未来几年的业绩对赌，
可以根据这个大概测算公司的估值倍数。如果是早期项目，也可以
适当运用市销率甚至其他指标如GMV（gross merchandise volume，
成交总额）、占地面积等作为参考，主要根据所处的行业及阶段进
行综合考虑。

4.5 实验过程

4.5.1 相对估值法

相对估值法，即可比公司法，应用如图4-1所示。本系统涵盖
了市盈率法、市净率法和市销率法，学生可以根据项目的行业特
点、周期等选择合适的相对估值法对项目进行估值。需要注意的

是，该系统为了简便起见，默认用户在项目立项页面进行立项的项目都能够通过会议决策委员会审核，在项目尽职调查结束后，在会议投决阶段，用户需要对投资项目进行项目估值分析等，在完成估值分析后，完成的估值分析报告提交给会议决策委员会，向目标企业发出投资意向书，进而对该项目进行投资。

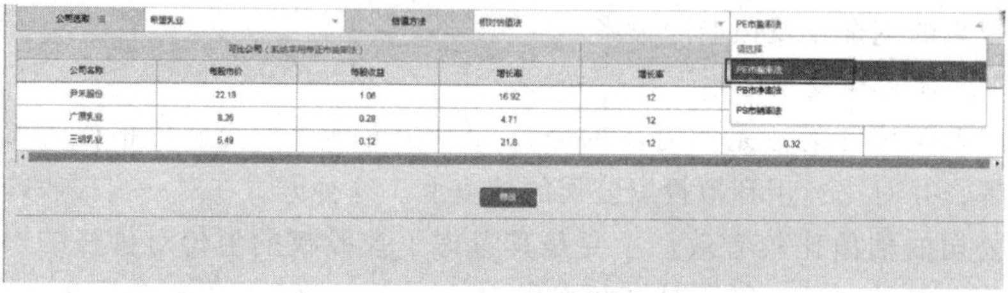

图4-1　相对估值法

1. 市盈率法

市盈率模型的原理是目标企业每股价值约为可比企业平均市盈率与目标企业的每股收益之积。市盈率的驱动因素是增长潜力、股利支付率、股权成本，其中关键因素是增长潜力。该模型的优点是：①计算市盈率的数据容易取得，并且计算简单；②市盈率把价格和收益联系起来，直观地反映投入和产出的关系；③市盈率涵盖了风险补偿率、增长率、股利支付率的影响，具有很高的综合性。该模型的局限是：①如果收益是负值，市盈率就失去了意义；②市盈率除了受企业本身基本面的影响以外，还受到整体经济景气程度的影响。在整体经济繁荣时市盈率上升，整体经济衰退时市盈率下降。如果目标企业的β值为1，则评估价值正确反映了对未来的预期。如果企业的β值显著大于1，经济繁荣时评估价值被夸大，经济衰退时评估价值被缩小。如果β值明显小于1，则相反。

本系统采用的市盈率法为修正平均市盈率法，如图4-2所示，即先平均后修正，首先计算出可比公司的市盈率，计算公式为：

可比公司的修正市盈率=市盈率/预期增长率

修正平均市盈率=三家可比公司的修正市盈率/3

$$\frac{目标企业}{每股价值}=\frac{修正平均}{市盈率}\times 目标企业预期增长率\times 100\times 目前企业每股收益$$

举例说明，如图4-3所示，希望乳业有三家可比公司，分别是尹禾股份、广原乳业、三明乳业，每股市价分别是22.18元、8.26元、5.49元，每股收益分别是1.06元、0.28元、0.12元，增长率分别是16.92、4.71、21.8，该三家可比公司的市盈率为：

22.18/1.06=20.92

8.26/0.28=29.5

5.49/0.12=45.75

该三家可比公司的修正市盈率分别为：

20.92/16.92=1.24

29.5/4.71=6.26

45.75/21.8=2.10

因此：

修正平均市盈率=1.24+6.26+2.1/3=3.20

目标企业每股价值=3.20×12×0.32=12.29（元）

用户可以点击"查看计算流程"来查看计算方式，根据计算方式得出上述目标公司的每股价值后，将数值填入每股价值栏内。如果数值测算出现较大偏差，系统将会显示为红色，系统可以更改三次，以最新的一次数据进行记录。

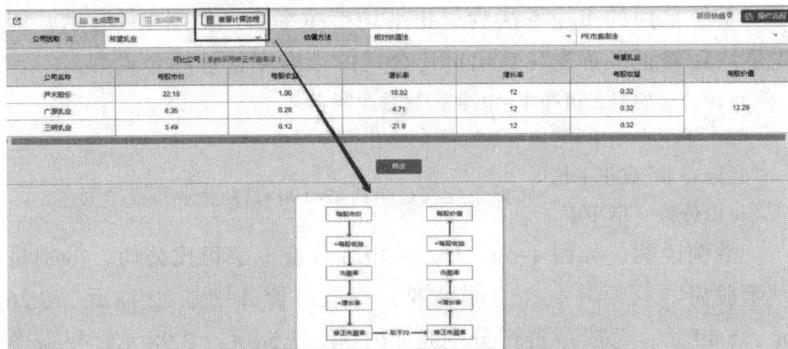

图4-2　相对估值法——PE市盈率法计算流程

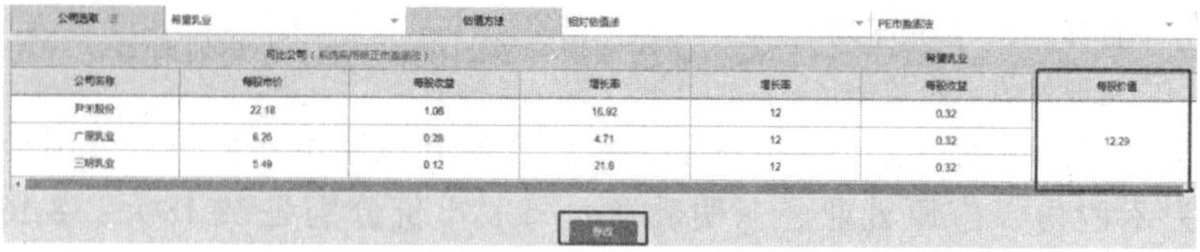

图4-3 相对估值法——PE市盈率法计算结果

2.市净率法

市净率法的原理是股权价值为可比企业平均市净率法与目标企业净资产之积，驱动因素是权益净利率、股份支付率、增长率、股权成本，其中关键因素是权益净利率。该模型的优点是：①市净率极少为负值，该方法可应用于大多数企业；②净资产账面价值的数据容易取得，并且容易理解；③净资产账面价值比净利稳定，也不像利润那样经常被人为操纵；④如果会计标准合理并且各企业会计政策一致，市净率的变化可以反映企业价值的变化。该模型的局限是：①账面价值受会计政策选择的影响，如果各企业执行不同的会计标准或会计政策，市净率会失去可比性；②固定资产很少的服务性企业和高科技企业，净资产与企业价值的关系不大，其市净率比较没有什么实际意义；③少数企业的净资产是负值，市净率没有意义，无法用于比较。市净率法主要适用于需要拥有大量资产、净资产为正值的企业。

系统采用的市净率法为修正平均市净率法，如图4-4所示，即先平均后修正，首先计算出可比公司的市净率，计算公式为：

可比公司的修正市净率=市净率/权益净利率

修正平均市净率=三家可比公司的修正市净率/3

$$\frac{目标企业}{每股价值}=\frac{修正平均}{市净率}×目标企业权益净利率×100×目前企业每股净资产$$

举例说明，如图4-5所示，希望乳业有三家可比公司，分别是尹禾股份、广原乳业、三明乳业，每股市价分别是22.18元、8.26元、5.49元，每股净资产分别是4.61元、5.54元、3.98元，权益净利率分别是23.01、8、3.12，该三家可比公司的市净率为：

22.18/4.61=4.81

8.26/5.54=1.49

5.49/3.98=1.38

该三家可比公司的修正市净率分别为：

4.81/23.01=0.21

1.49/8=0.19

1.38/3.12=0.44

因此：

修正平均市净率=0.21+0.19+0.44/3=0.28

目标企业每股价值=0.28×16×1.81=8.1（元）

　　用户可以点击"查看计算流程"来查看计算方式，根据计算方式得出上述目标公司的每股价值后，将数值填入每股价值栏内。如果数值测算出现较大偏差，系统将会显示为红色，系统可以更改三次，以最新的一次数据进行记录。

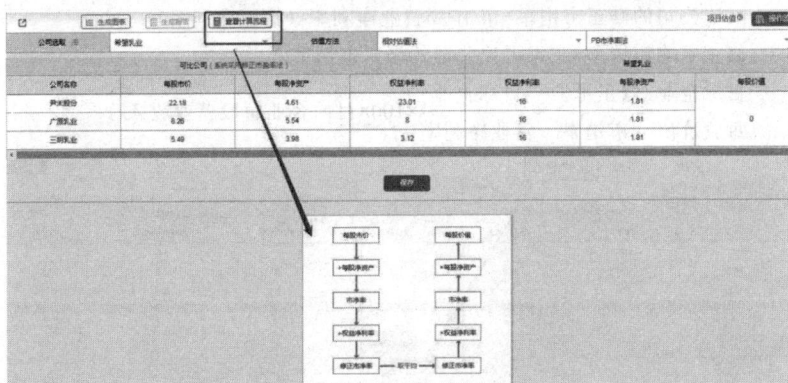

图4-4　相对估值法——PB市净率法计算过程

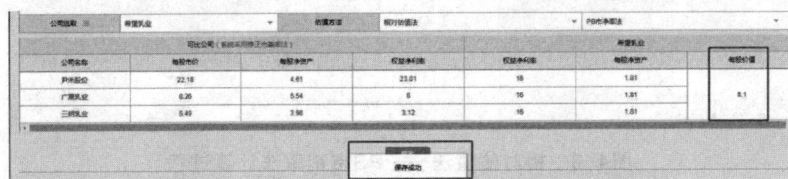

图4-5　相对估值法——PB市净率法计算结果

3.市销率法

市销率法的原理是，目标企业股权价值等于可比企业平均市销率与目标企业的销售收入之积。驱动因素是销售净利率、股利支付率、增长率、股权成本，其中关键因素是销售净利率。该模型的优点是：①它不会出现负值，对于亏损企业和资不抵债的企业，也可以计算出一个有意义的价值乘数；②它比较稳定、可靠，不容易被操纵；③市销率对价格政策和企业战略变化敏感，可以反映这种变化的后果。该模型的局限是不能反映成本的变化，而成本是影响企业现金流量和价值的重要因素之一。市销率法主要适用于销售成本率较低的服务类企业，或者销售成本率趋同的传统行业的企业。

系统采用的市销率法为修正平均市销率法，如图4-6所示，即先平均后修正，首先计算出可比公司的市销率，计算公式为：

可比公司的修正市销率=市销率/营业净利率（销售净利率）

修正平均市销率=三家可比公司的修正市销率/3

$$\frac{\text{目标企业}}{\text{每股价值}}=\frac{\text{修正平均}}{\text{市销率}}\times\frac{\text{目标企业}}{\text{营业净利率}}\times100\times\text{目前企业每股营业收入}$$

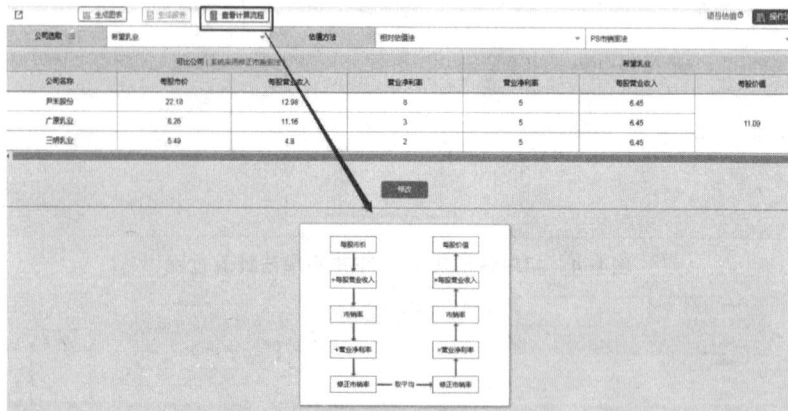

图4-6　相对估值法——PS市销率法计算过程

举例说明，如图4-7所示，希望乳业有三家可比公司，分别是尹禾股份、广原乳业、三明乳业，每股市价分别是22.18元、8.26元、5.49元，每股营业收入分别是12.98元、11.16元、4.8元，营业净利率分别是8、3、2，该三家可比公司的市销率分别为：

22.18/12.98=1.71

8.26/11.16=0.74

5.49/4.8=1.14

三家可比公司的修正市销率分别为：

1.71/8=0.21

0.74/3=0.25

1.14/2=0.57

因此：

修正平均市净率=0.21+0.25+0.57/3=0.3439

目标企业每股价值=0.3439×5×6.45=11.09（元）

用户可以点击"查看计算流程"来查看计算方式，根据计算方式得出上述目标公司的每股价值后，将数值填入每股价值栏内。如果数值测算出现较大偏差，系统将会显示为红色，系统可以更改三次，以最新的一次数据进行记录。

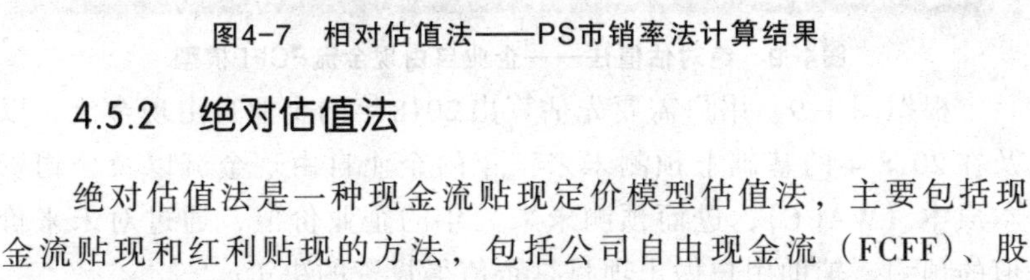

图4-7　相对估值法——PS市销率法计算结果

4.5.2　绝对估值法

绝对估值法是一种现金流贴现定价模型估值法，主要包括现金流贴现和红利贴现的方法，包括公司自由现金流（FCFF）、股权自由现金流（FECE）和股利贴现模型（DDM），如图4-8所示。

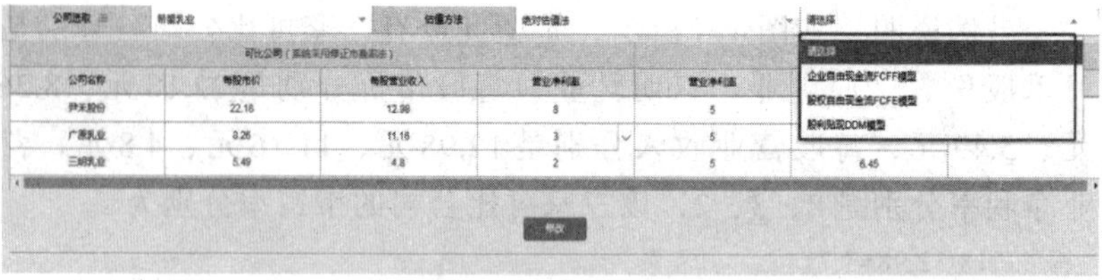

图4-8　绝对估值法

1.企业自由现金流（FCFF）模型

FCFF模型全称是"free cash flow for the firm"，是由美国学者拉巴波特于20世纪80年代提出的，该模型利用公司自由现金流对整个公司进行估价，而不是对股权。公司自有现金流是指企业产生的、在满足了再投资需求之后剩余的、不影响公司持续发展前提下的、可供企业资本供应者/各种利益要求人（股东、债权人）分配的现金。该模型使用的资本成本是公司资本成本，即加权平均资本成本（WACC），如图4-9所示。

图4-9　绝对估值法——企业自由现金流FCFF模型

根据图4-9，用户需要先估算出2018年的企业自由现金流，以及在2018年的基础上预测未来三年的企业自由现金流以及公司资本成本（WACC），进而预测未来三年的企业价值，通过对未来价值的预测，辅助用户做出项目是否值得投资的决策。

（1）已知项目核算。

2018年的企业现金流=营业现金毛流量-经营营运资本增加-资本支出

营业现金毛流量=税后经营净利润+折旧摊销

营业现金净流量=营业现金毛流量-经营营运资本增加

$$\frac{税后经营}{净利润}=\frac{税前经营}{净利润}\times(1-\frac{所得税}{税率})=(利润总额+利息费用)\times(1-所得税税率)$$

对于折旧摊销，用户可以根据该公司的财务报表、商业计划书等信息做出假设。

$$\frac{经营营运}{资本增加}=(\frac{本年的经营}{流动资产}-\frac{本年的经营}{流动负债})-(\frac{上年的经营}{流动资产}-\frac{上年的经营}{流动负债})$$
$$=(\frac{2018年的经营}{流动资产}-\frac{2018年的经营}{流动负债})-(\frac{2017年的经营}{动资产}-\frac{2017年的经营}{流动负债})$$

经营流动资产与经营流动负债的划分在实务中通常会根据企业所在的行业与业务的不同而有所不同，本系统为了便于区分，采用理论上通用的划分方法，经营资产包括货币资金、应收票据及应收账款、预付款项、存货，如图4-10所示；经营负债包括应付票据及应付账款、预付账款、应付职工薪酬，如图4-11所示。

对于资本支出，用户可以根据该公司的财务报表、商业计划书等信息做出假设。

（2）预测项目。

①销售增长率。用户可以根据该公司的财务报表、商业计划书、所在行业、同类公司的增长率等信息假设未来增长率，预测的三年增长率可以相等，也可以不相等。

②营业收入。用户可以基于假设的销售增长率和在2018年的营业收入基础上递增，来预测营业收入。

③税后经营净利润。假设未来净经营资产净利率与2018年相比保持不变，税后经营净利润在销售增长率基础上递增。

④折旧摊销。假设折旧摊销占营业收入的比率保持不变，折旧摊销在销售增长率基础上递增。

⑤经营营运资本增加。假设未来经营营运资本占营业收入的比率与2018年相比保持不变，即预测2019年的经营营运资本等于2019年的营业收入乘以2018年的经营营运资本占2018年营业收入的比率，2020年、2021年的预测以此类推，且2019年的经营营运资本增加等于预测的2019年的经营营运资本和2018年的经营营运资本的差额。

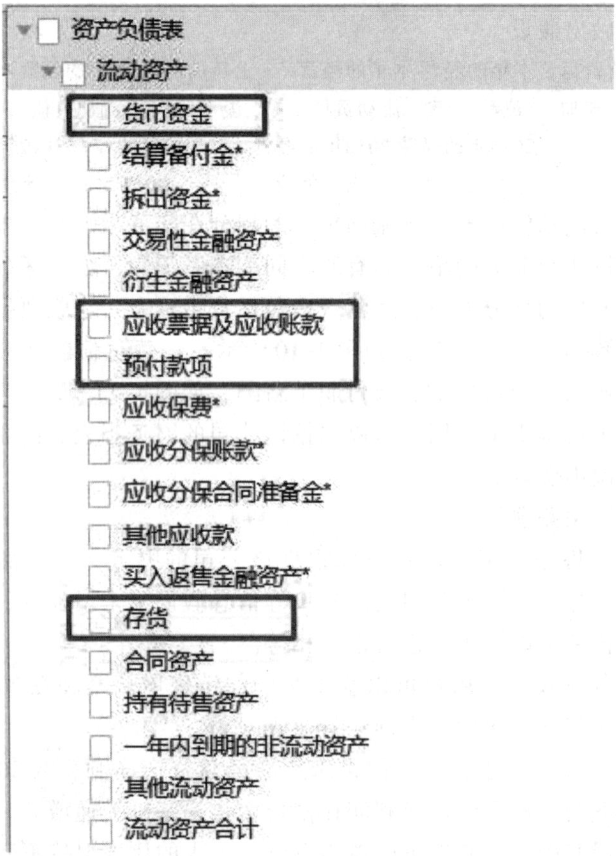

图4-10　绝对估值法——企业自由现金流FCFF模型——经营流动资产

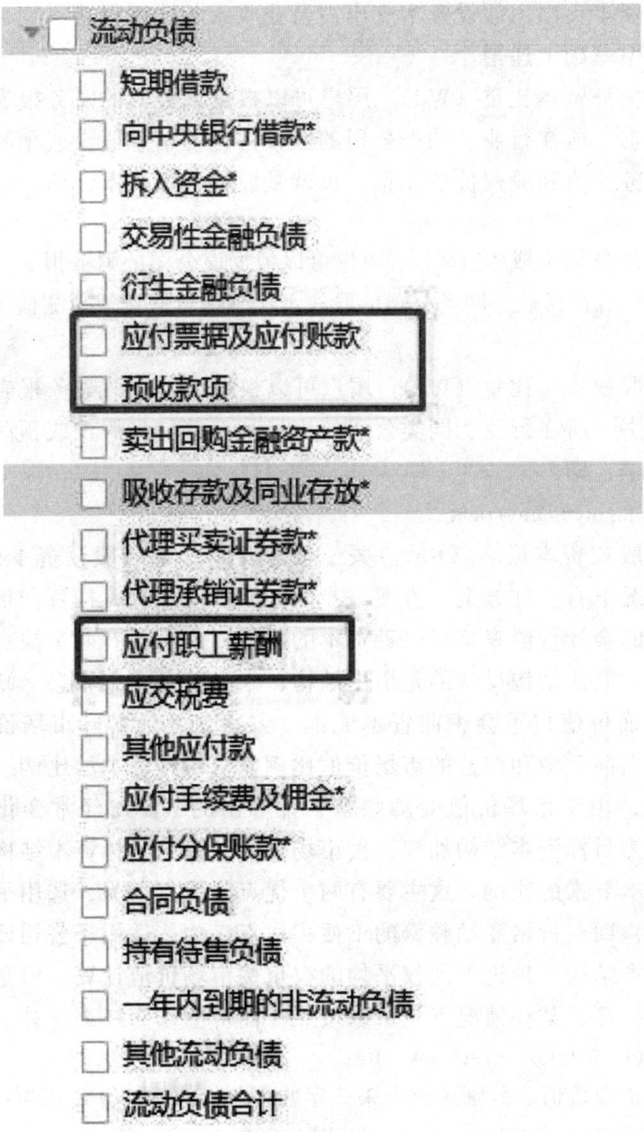

▼ ☐ 流动负债

☐ 短期借款

☐ 向中央银行借款*

☐ 拆入资金*

☐ 交易性金融负债

☐ 衍生金融负债

☐ 应付票据及应付账款

☐ 预收款项

☐ 卖出回购金融资产款*

☐ 吸收存款及同业存放*

☐ 代理买卖证券款*

☐ 代理承销证券款*

☐ 应付职工薪酬

☐ 应交税费

☐ 其他应付款

☐ 应付手续费及佣金*

☐ 应付分保账款*

☐ 合同负债

☐ 持有待售负债

☐ 一年内到期的非流动负债

☐ 其他流动负债

☐ 流动负债合计

图4-11 绝对估值法——企业自由现金流FCFF模型——经营流动负债

⑥资本支出。假设资本支出占营业收入的比率保持不变，在销售增长率基础上递增。

⑦债务资本比重（Wd）。用户可以根据该公司的财务报表、商业计划书、所在行业、同类公司的股权占比等信息假设或预测债务所占债务价值和股权价值比重，也就是股权资本成本，即：

Wd=Equity+Debt

⑧债务资本成本（Rd）。用户可以根据该公司的财务报表、商业计划书、所在行业、同类公司的股权占比等信息假设或预测债务资本成本。

⑨股权资本比重（We）。用户可以根据该公司的财务报表、商业计划书、所在行业、同类公司的市场利率等信息假设或预测股权资本成本，即：

We=Equity/Equity+Debt

⑩股权资本成本（Re）。关于债务资本比重和股权资本比重，通常情况下有三种方案。方案一：为账面价值加权，按资产负债表上列示的会计价值来衡量每种资本的比例。这主要有两个缺点，缺点一为，账面结构反映的是历史结构，未必符合未来状态。缺点二为，账面价值权重会歪曲资本成本。方案二：为实际市场价值加权，按当前负债和权益的市场价值比例衡量每种资本的比例。主要缺点为，由于市场价值变动频繁，计算出的WACC经常变化。方案三：为目标资本结构加权，按市场价值计量的目标资本结构衡量每种资本要素的比例。这主要有两个优点，优点一为，选用平均市场价格，回避价格变动频繁的不便；优点二为，适用于公司评价未来的资本结构。理论上加权平均的权重按市场价值计算。但是，为了便于计算，某些情况下也可以按照账面价值作为权重计算。

WACC=Wd×Rd×（1−t）+We×Re

⑪企业价值。分别预测未来三年的企业价值，计算公式为：

企业价值=企业自由现金流/（1+公司资本成本）

企业价值=企业自由现金流/（1+公司资本成本）^{2}

企业价值=企业自由现金流/（1+公司资本成本）[3]

用户可以点击"查看计算流程"来查看计算方式，如图4-12所示。根据计算方式得出上述目标公司的企业价值后，将数值填入空格内，如图4-13所示，如果数值测算和上述关系不一致，系统将会显示为红色，系统可以更改三次，以最新的一次数据进行记录。由于该模型较为依赖假设的数据，因此，没有确定的估值价值，主要依赖用户对该行业和该公司的前景进行判断，系统仅以上述关系作为判断正确或错误的标准。

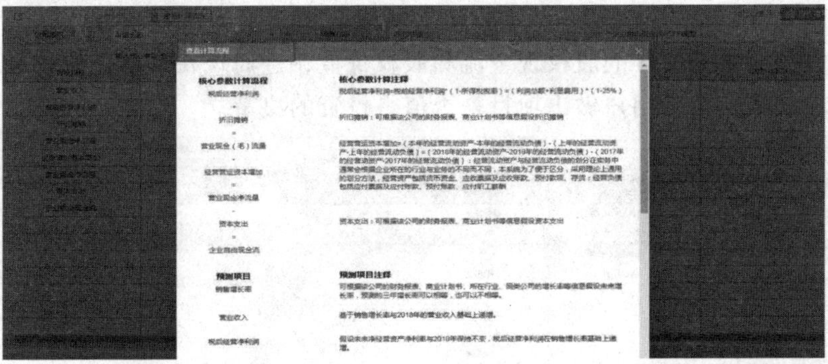

图4-12 绝对估值法——企业自由现金流FCFF模型计算流程

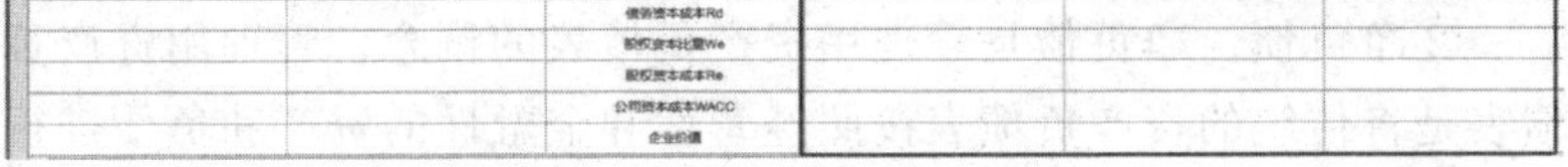

图4-13 绝对估值法——企业自由现金流FCFF模型计算

2.股权自由现金流（FCFE）模型

股权自由现金流模型（free cash flow to equity，FCFE）的来源是现金流贴现定价模型，而现金流贴现定价模型是基于这么一个概念：资产的内在价值是持有资产人在未来时期能收到的现金流所决定的。该模型和企业自由现金流模型一样，有较大的难点，主要是适当的贴现率对于模型最终结果影响很大，但是贴现率的算法很难有统一的标准。采用何种方式进行贴现关系到如何定义该企业在企业经营周期中处的地位，以及预测企业发展周期的时间，而这一点很难估计。但是，贴现模型可以让投资人了解，应该多关注企业的自由现金流而不是仅仅关注收益。

如图4-14所示，用户需要先估算出未来三年企业的股权自由现金流，以及在2018年的基础上预测未来三年的营业收入等，并且预测未来三年的股权现金流和股权价值，进而现在目标企业的股权价值，辅助用户做出项目是否值得投资的决策。

图4-14 绝对估值法——股权自由现金流FCFE模型

（1）已知项目核算。

①税后经营净利润。

$$\frac{税后经营}{净利润} = \frac{税前经营}{净利润} \times \left(1 - \frac{所得税}{税率}\right) = \left(\frac{利润}{总额} + 利息费用\right) \times (1 - 所得税税率)$$

②净负债。净负债是管理用资产负债表的概念，管理用资产负债表是将传统的资产负债表按照经营性和金融性的资产和负债进行划分，净负债为金融负债和金融资产之和。常见的金融负债有交易性金融负债、短期借款、长期借款、应付债券等；常见的金融资产有交易性金融资产、债权投资、其他债权投资、其他权益工具投资等。

（2）预测项目。

①销售增长率。用户可以根据该公司的财务报表、商业计划书、所在行业、同类公司的增长率等信息假设未来增长率，预测的三年增长率可以相等，也可以不相等。

②营业收入。用户可以基于销售增长率和在 2018 年的营业收入的基础上递增。

③净负债。假设该公司会保持当前的资本结构，净负债会基于销售增长率在 2018 年的净负债的基础上递增。

④股东权益。假设该公司会保持当前的资本结构，股东权益会基于销售增长率在 2018 年的股东权益基础上递增。

⑤净利润。假设该公司的营业净利率保持不变，净利润会基于销售增长率在 2018 年的净利润基础上递增。

⑥股权资本成本。用户可以根据该公司的财务报表、商业计划书、所在行业、同类公司的市场利率等信息假设或预测股权资本成本。

⑦股权现金流。股权现金流为当年净利润跟股东权益的增加之差，即 2019 年的股权现金流为 2019 年的净利润减去 2019 年相对于 2018 年的所有者权益的增加值，2020 年的股权现金流为 2020 年的净利润减去 2020 年相对于 2019 年的所有者权益的增加值，2021 年的股权现金流为 2021 年的净利润减去 2021 年相对于 2020 年的所有者权益的增加值。

⑧股权价值。股权价值为股权现金流与股权资本成本的比值，分别预测未来两年股权价值。由于基于两阶段模型，假设从第二年或者第三年开始为永续增长阶段，在此之前为高速增长阶段，因此：

2019 年的股权价值=股权自由现金流/（1+股权资本成本）

2020 年的股权价值=股权自由现金流/（1+股权资本成本）^{2}

2021 年的股权价值=股权自由现金流/（1+股权资本成本）^{3}

用户可以点击"查看计算流程"来查看计算方式，如图 4-15

所示。根据计算方式得出上述目标公司的企业价值后，将数值填入空格内，如图4-16所示。如果数值测算和上述关系不一致，系统将会显示为红色，系统可以更改三次，以最新的一次数据进行记录。由于该模型较为依赖假设的数据，因此，没有确定的估值价值，主要依赖用户对该行业和该公司的前景进行判断，系统仅以上述关系作为判断正确或错误的标准。

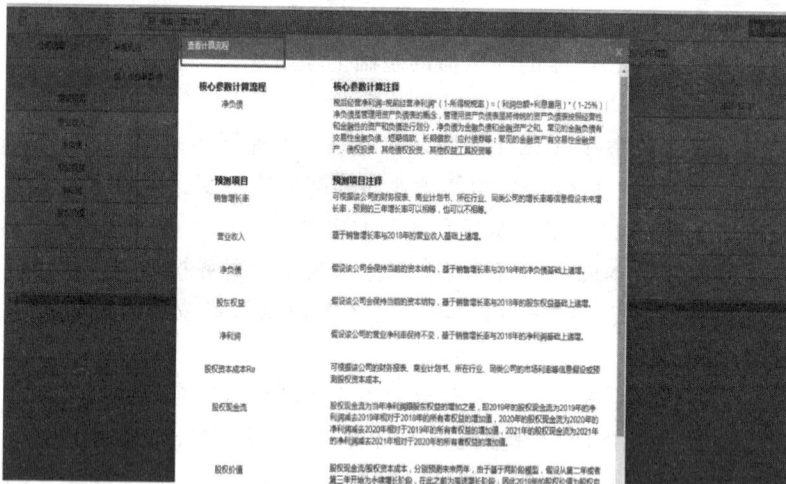

图4-15　绝对估值法——股权自由现金流FCFE模型计算流程

图4-16　绝对估值法——股权自由现金流FCFE模型计算结果

3.股利贴现DDM模型

股利贴现模型（dividend discount model），简称DDM，是一种最基本的股票内在价值评价模型。威廉姆斯（Williams）和戈登（Gordon）1938年提出了公司（股票）价值评估的股利贴现模型，为定量分析虚拟资本、资产和公司价值奠定了理论基础，也为证券投资的基本分析提供了强有力的理论根据。

如图4-17所示，用户需要根据商业计划书、三大财务报表等信息预测未来三年企业可能发放的股利，以及股东所要求的必要报酬率，以及股利增长率，从而计算出公司如果发行股票时的内在价值。该模型假设符合固定股利增长率模型。

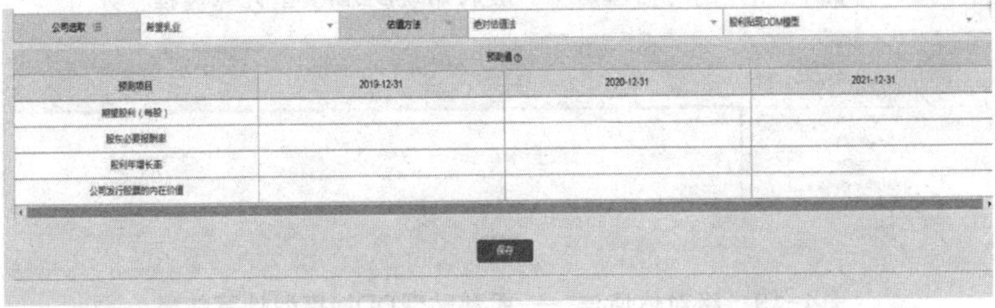

图4-17 绝对估值法——股利贴现DDM模型

公司现在的股权价值 $V=D_1/(R_s-g)$

n年后价值 $V_t=V\times(1+g)$

上式中：V 以2018年价值为基础；D_1 为期望股利；R_s 为折现率、必要报酬率；g 为常数，是股利年增长率。

用户可以点击"查看计算流程"来查看计算方式，如图4-18所示。根据计算方式得出上述目标公司的企业价值后，将数值填入空格内，如图4-19所示。如果数值测算和上述关系不一致，系统将会显示为红色，系统可以更改三次，以最新的一次数据进行记录。由于该模型较为依赖假设的数据，因此没有确定的估值价值，主要依赖用户对该行业和该公司的前景进行判断，系统仅以上述关系作为判断正确或错误的标准。

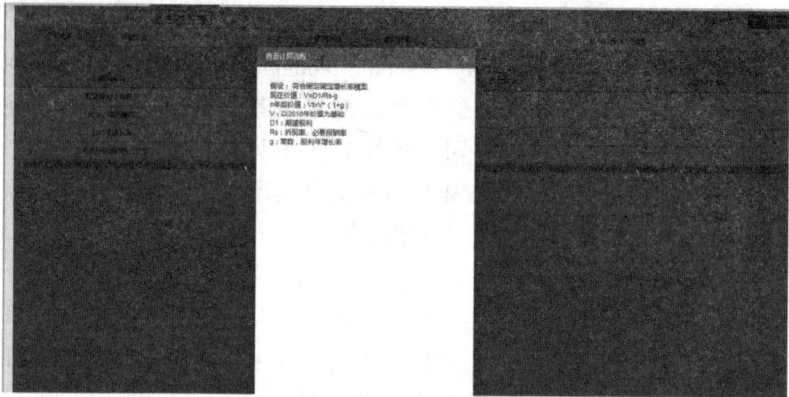

图4-18　绝对估值法——股利贴现DDM模型计算过程

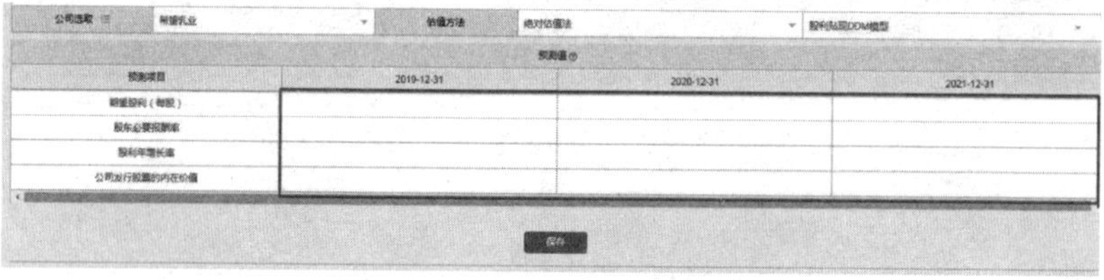

图4-19　绝对估值法——股利贴现DDM模型计算结果

4.6　实验报告

（1）进入天择投资银行业务教学系统，一个小组完成两个不同项目的估值分析，复制粘贴在下方。

（2）根据项目特征与项目估值分析结果，进行分析。

（3）分析相对估值法进行项目价值评估的优势和不足。

（4）绝对估值法适用于什么类型的行业或项目价值评估？

第 5 章

投后管理

5.1 实验概述

投后管理是整个股权投资体系中非常重要的环节，主要包括投后监管和提供增值服务两部分。通过这部分的实验，使学生能够了解在投资企业后，如何管理能够尽可能降低企业的试错成本，缩短完成初设目标所需要的周期，或者促使企业朝更合适的目标奋进。

5.2 实验目的

本章实验目的为：

（1）了解私募基金的投后管理的项目跟踪。

（2）了解私募基金的投后管理的增值服务。

5.3 实验工具

天择投资银行业务教学系统。

5.4　理论要点

5.4.1　理论概述

私募股权投资基金（含创投基金）的投后管理除了一些基本的合规、风控及信息披露等要求外，主要包括：投资协议执行、项目跟踪、项目治理、增值服务四部分。在完成项目尽调并实施投资后直到项目退出之前都属于投后管理的期间。私募投后管理关系到投资项目的发展和退出方案的实现。投后管理需要遵循持续性、全方位、谨慎性、及时性、真实性等原则。

5.4.2　投资协议执行

按照项目投资时签订的《投资协议》，投后管理人员应对《投资协议》规定的相关条款进行分类汇总，并制订相应的实施计划，按时督促并落实相关条款的内容。具体内容包括但不限于：

（1）对项目投资中约定投资方派驻董事、财务总监的，应及时办理任命程序；

（2）支付投资款后，及时督促标的企业办理验资、股东变更、章程修改手续；

（3）如果投资后标的企业经营触发"有条件条款"，如回购、共同出售、估值调整等，应及时制订处理方案。

5.4.3　项目跟踪

投后管理人员应定期了解标的企业的运营状况，获取其财务报表、经营数据、三会决议等文件，了解标的企业资产、负债、业务、财务状况、运营、经营成果、客户关系、员工关系发展情况，当出现重大不利变化情况时，应向公司进行汇报，并和标的企业协商解决，如图5-1所示。投后管理人员应了解的事项包括但不限于以下内容：

（1）月度、季度、半年度、年度财务报表；

（2）重大合同；

（3）业务经营信息；

（4）重大投资活动和融资活动；

（5）标的企业经营范围的变更；

（6）重要管理人员的任免；

（7）其他可能对标的企业生产经营、业绩、资产等产生重大影响的事宜。

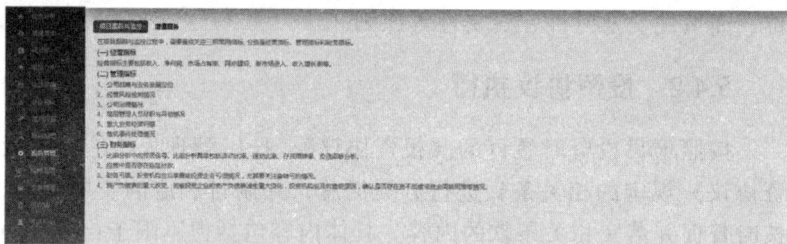

图5-1　投后管理——项目跟踪

5.4.4　项目治理

投后管理人员应和标的企业保持沟通，当需要由投资方指派董事表决的事项出现时，及时提请董事审议。投后管理人员还应积极督促公司参加被投资企业的股东会。

5.4.5　增值服务

增值服务包括帮助寻找和选择重要管理人员、参与制定战略和经营计划、帮助标的企业筹集后续资金、帮助寻找重要的客户和供应商、帮助聘请外部专家等、建立标的企业资源共享平台，为标的企业提供关于税收筹划、人力资源评估及推荐、财务规范辅导、业务流程改善等具备共性特征的服务，为标的企业上市工作提供咨询及建议，如图5-2所示。

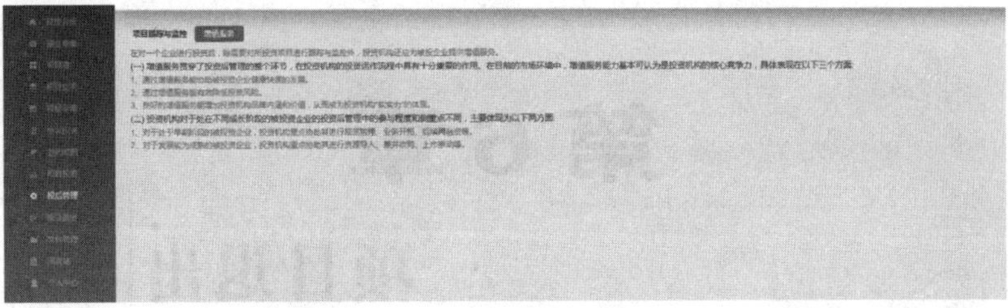

图5-2 投后管理——增值服务

5.5 实验报告

（1）进入天择投资银行业务教学系统，一个小组完成两个不同项目的投后管理，具体阐述项目的投后管理方式及目标。

（2）剖析两个项目投资管理方式的区别及原因。

（3）完成两个不同项目的投后管理表。

第 6 章

项目退出

6.1 实验概述

    私募股权基金投资的根本目的并不是掌握目标投资企业的控制权或者长期经营权,而是希望在恰当的时机退出所投资企业而获得可观的资本回报。一般情况而言,私募基金退出主要有三种方式:公司 IPO 上市、出售、清算。其中,出售又包括并购和管理层回购。通过该实验,使学生能够了解和掌握在获得一定回报后进行项目退出的方法。

6.2 实验目的

本章实验目的为:
(1)了解项目退出的不同方式。
(2)通过使用教学系统,能够进行项目退出。

6.3 实验工具

天择投资银行业务教学系统。

6.4 理论要点

6.4.1 首次公开发行

目标公司上市，即股票首次公开发行（IPO），目标公司在成功上市后，私募基金可以卖出持有的目标公司的股票，成功退出。不管是对于私募基金而言，还是对于目标公司来说，上市是实现双方利益最大化的途径，是私募基金最理想的退出方式。一般情况下，目标公司上市后，退出获得的溢价会很高，其投资回报率会大幅度地超出预期，能够为私募基金和被投资企业带来最大的经济效应。目前在中国，A股有主板、创业板、科创板、新三板。除此之外，中国的企业也可以选择在纳斯达克或者纽交所上市，或者选择在港交所上市。无论哪种上市方式，投资人和被投资企业都能够获得较大的收益。

6.4.2 出售

1.企业并购

企业并购即企业兼并和收购，是指其他企业通过兼并和收购来入股被投资企业。私募基金通过出让所持股份给收购方可以实现退出企业，此时会谋求资本增值。企业并购是私募基金除了IPO以外比较理想的一种退出方式，在私募基金进入较早、所投资企业股权增值很高的情况下，即使企业上市的可能性很大，有些私募基金也愿意选择转让股权来变现退出，这是稳健型私募基金愿意采取的策略。通过并购，出售企业的股权可以立即收回现金或可流通证券，这使得投资人可以立即从企业中全身而退，也使得有限合伙人可以立即取得现金或可流通证券的利润分配，私募基金可以选择在较短时间内收回资本后，继续寻找前景更好的项目进行投资。

2.管理层收购

管理层收购是指通过一定的程序，被投资企业、股东或管理层等将私募基金持有的股份按照约定的价格进行收购，私募基金从而可以退出投资。企业的经营和管理人员通常拥有良好的经营管理能力，并且对公司的发展状况非常了解，当企业发展到一定阶段，资产达到一定规模、财务状况良好，但尚未达到公开上市的要求时，如果企业的管理者充分相信企业的未来，这种情况下可以通过内部收购私募股权投资基金持有的股权而使其实现退出。这种操作简便，时间短，私募股权投资基金可以迅速而彻底地退出，比较适合投资额比较小的投资。

6.4.3　清算

如果被投资企业不再有继续成长的可能性，或者市场波动导致发展太慢而不足以提供预期的回报，私募基金就应当对被投资企业进行破产、解散以清理债权、债务进而对剩余财产进行分配。在特定的情况下，及时采取破产清算，私募基金可以收回一定的投资额，避免继续经营导致损失的进一步扩大，收回的资金可以进入到下一个新的投资循环。

6.5　实验过程

6.5.1　内含报酬率

内含报酬率（IRR）又称内部报酬率、内含收益率，是指能够使未来现金流入量现值等于未来现金流出量现值的折现率（贴现率），或者说使投资方案净现值为0的折现率。内含报酬率是一个相对数指标，和现值指数在一定程度上反映一个投资项目投资效率的高低，所以这类评价指标通常用于独立方案决策，也就是备选方案之间是相互独立的。

内含报酬率本身的特点是：（1）内含报酬率是由特定的现金流量确定的。（2）内含报酬率的计算和基期无关。（3）内含报酬率假定各个方案的所有中间投入可按各自的内含报酬率进行再投资而进行增值。内含报酬率（IRR）的计算公式为：

$$\sum_{i=1}^{n} NCFt/(1 + IRR)^{t-i} - NII(1 + IRR)^{i} = 0$$

其中：n为项目经济寿命期，r为折现率，NCFt为第t年的净现金流量，NII为项目的净增量投资额。

内含报酬率的计算方法主要有两种：第一种方法是逐步测试法，它适合于各期现金流入量不相等的非年金形式。计算方式是，先估计一个折现率，用它来计算方案的净现值。如果净现值是正数，说明方案本身的报酬率超过估计的折现率，应提高折现率后进一步测试。如果净现值是负数，说明方案本身的报酬率低于估计的折现率，应降低折现率后进一步测试。经过多次测试，找出使净现值接近零的折现率，即为方案本身的内含报酬率。第二种方法是年金法，它适合于各期现金流入量相等的情况，符合年金形式，内含报酬率可直接查年金现值系数表来确定，不需要进行逐步测试。计算步骤为：（1）查表得出年金现值系数，或使用公式计算出年金现值系数。（2）计算出上述年金现值系数相邻近的两个折现率。（3）根据上述两个邻近的折现率和已求得的年金现值系数，使用内插法计算该投资方案的内含报酬。年金现值系数的计算公式为：

年金现值系数=初始投资额/每年净现金流量

内含报酬率是一个折现的相对量正指标，是投资项目的预期报酬率，资本成本率是投资者对投资项目要求达到的最低报酬率。如果投资项目的内含报酬率低于资本成本率，那么，该项目的报酬率就达不到投资者要求的最低标准。只有当项目的内含报酬率超过资本成本时，投资者才能有更高的收益。因此，使用内含报酬率的决策原则是，当内含报酬率大于资本成本率时，该项目值得投资；当内含报酬率小于资本成本率时，该项目的方案不可行。

使用内含报酬率有以下的特点：（1）充分考虑了货币的时间价值，能反映投资项目的真实报酬率。（2）内含报酬率的概念易于理解，容易被人接受。（3）不受行业基准收益率高低的影响，比较客观。（4）计算过程比较复杂，通常需要多次测算。（5）当现金流量出现不规则变动，即未来年份既有现金流入又有现金流出时，项目可能出现不止一个内含报酬率，其计算结果难以确定。

内含报酬率和折现率的关系如下：从计算净现值（NPV）的公式可以得出，在一定的净现金流量条件下，存在一个特殊的折现率，在该折现率下，NPV为0，这个特殊的折现率就是内含收益率。内含报酬率的实际意义是，将建设期的净投入看作以年复利贷出去，把经营各年的净收入看作连本带利刚好收回，其中年复利利率就是内含报酬率。（1）当折现率设定值高于内含报酬率时，NPV小于0，说明投资者的期望过高或项目回报太低，项目各年的净收入按过高的年复利利率扣除利息回报后，收回的本金之和小于初始投资，投资者的回报要求不能实现。（2）当折现率设定值低于内含报酬率时，NPV大于0，说明投资者的期望不高或项目回报更高，项目各年的净收入按不高的年复利利率扣除利息回报后，收回的本金之和大于初始投资，投资者的回报要求可以实现。（3）实际上，任何一个投资者在投资时，都有一个最低期望值，只有当最低期望能够满足时，才能考虑进一步研究。这个最低期望值的名义是折现率，实际是投资者期望的最低的投资回报的年复利利率，当把投资者确定的折现率代入后，NPV大于等于0，说明项目可以满足投资者的最低回报要求；反之，说明项目不能满足投资者的最低回报要求。

因此，如图6-1所示，系统根据上述计算方式，并且以投资金额和每一年的动态收益率为基数，作为每年的现金净流入计算内含报酬率，用户可以根据内含报酬率作为辅助手段，判断该项目是否值得投资，以及内含报酬率将作为后续项目退出后基金进行分配时的判断依据，该部分将在实验七的基金收益分配部分进行详细的讲述。

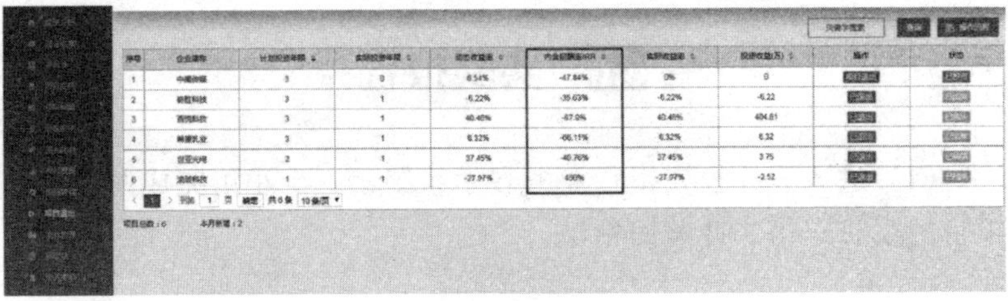

图6-1 内含报酬率（IRR）

6.5.2 项目退出

项目退出页面如图 6-2 所示，计划投资年限是用户在进行项目投资时计划投资的年限。但是，在实际投资中，投资人可能会提前获得投资回报或者股权被收购，因此需要提前结束项目。当投资人/用户因为收益或者其他情况需要提前结束项目时，实际投资的期限显示在实际投资期限列，如果实际投资期限不足 1 年，则显示为 1 年。动态收益率是根据项目的生命周期即导入期、成长期、成熟期和衰退期并且结合蒙特卡洛模拟模型得出的随机数，该动态收益率每天变动一次，用户可以根据该动态收益率辅助自己做出何时进行项目退出的决策。需要注意的是，项目至少需要投资满 7 天（7 个自然日）才能退出。投资收益为该项目的总投资金额乘以该项目退出当天的动态收益率，该投资收益用作基金最终分配时的基准。

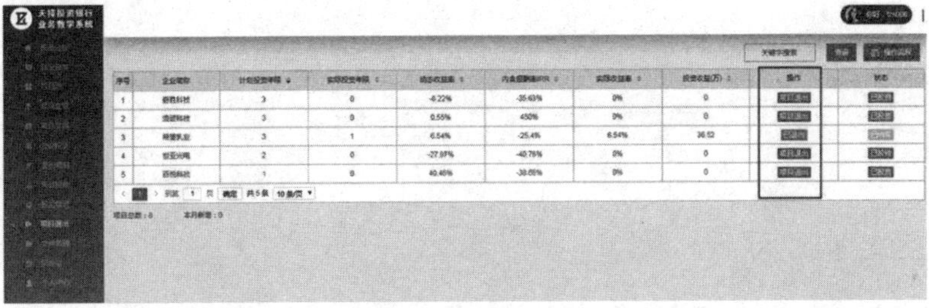

图6-2 项目退出

6.6　实验报告

（1）进入天择投资银行业务教学系统，一个小组完成两个不同项目的项目退出，并截图粘贴。

（2）说明项目退出时间及预估回报率。

（3）具体阐述项目退出方式及原因。

第 7 章

基金收益分配

7.1 实验概述

私募投资基金利润的分配模式属于基金重大经济条款，在基金募集中是投资人最为关心的问题之一。私募投资基金利润的分配顺序（distribution waterfall），代表着基金利益流向的先后顺序。基金利润分配通常有两种基本模式：本金优先返还（all capital first）和按项目分配模式（deal-by-deal）。本实验将讲解本金优先返还模式，即确保有限合伙人收回投资本金和要求的最低收益后，普通合伙人才和有限合伙人进行利润分配的基金利润分配模式，这种分配模式对有限合伙人有利，因此有限合伙人对其比较青睐。

7.2 实验目的

本章实验目的为：

（1）了解私募投资基金的分配模式。

（2）掌握私募投资基金如何进行分配。

7.3　实验工具

天择投资银行业务教学系统。

7.4　理论要点

7.4.1　私募投资基金分配概要

　　私募投资基金的市场参与主体主要包括投资者、管理人、第三方服务机构。对收益分配而言，收益主要在投资人和基金管理人之间进行分配。私募投资基金的收入主要来源于所投资企业分配的红利以及实现项目退出后的股权转让所得。基金收入扣除基金承担的各项费用和税收之后，首先用于返还基金投资者的投资本金，在一些情况下，有限合伙人即投资者还会要求，在归还本金同时获得基金管理人承诺的最低收益。全部投资者获得本金返还或本金及承诺的最低收益之后，剩余部分即为基金利润。由于股权投资基金专业性要求较高，因此，作为一个基本做法，股权投资基金的管理人通常参与剩余投资收益的分配，但是通常情况下，有限合伙人和管理人会对项目有最低收益率的约定，以保证资金的充分利用。一般以内含收益率作为基准，业内通常会以5%～10%的内部收益率为基准作为最低收益率的保证，即有限合伙人和普通合伙人的合同会约定，如果项目的内部收益率低于一定值（这个值一般为5%～10%），普通合伙人不得参与剩余利润的分配，如果高于该值，普通合伙人除了获得基金管理费外，还可以参与剩余利润的分配。

7.4.2　私募投资基金分配顺序

　　股权投资类基金的收益分配通常有固定的模式，基金一般按照以下顺序进行收益分配：

（1）预先扣除管理费、托管费和运营服务费等费用；

（2）返还投资人本金；

（3）支付各投资人预期基准收益；

（4）上述分配完成后，如有剩余收益，基金管理人和投资人按一定比例分配剩余收益（通常为20%对80%或30%对70%的比例，具体的比例视具体情况而定）。

7.4.3 私募投资基金分配的关键点概述

1.常规费用

私募基金的收费通常由认购费、管理费、托管费以及超额业绩提成四部分构成。认购费是客户在购买基金时除认缴的投资本金以外，额外付出的一次性费用；管理费是基金运作过程中，为了维持基金的正常运营产生的运营费，一般按年收取，且该笔费用在基金计算净值时已经扣除，不做额外收取；托管费是基金在银行或券商处托管资金和证券，基金托管机构收取的费用；超额业绩提成一般是基金业绩超出预计收益后，基金管理人按照和投资者事先约定的比例，提取的业绩提成，根据股权投资基金与管理人的约定，有时候管理人通常也直接参与基金整体投资收益的分配。

2.门槛收益率

投中研究院数据显示，不同投资人的门槛收益率大致在5%~10%之间。通常情况下，会根据股权投资基金和管理人的约定来决定是否设定门槛收益率。如果该基金存在门槛收益率，则该基金的实际收益率低于门槛收益率时，原则上管理人不能提取业绩提成，当基金取得并实现了超过门槛收益率的投资收益，管理人才可分配业绩提成。是否设置门槛收益率以及具体设置多少比例合适没有严格标准。

3.业绩提成的比例

如果没有门槛收益率，管理人一般将直接参与基金利润的分配，分配比例会按照经典的2∶8或3∶7模式，也有按照1∶9模式来分配的。如果设有门槛收益率，则参照门槛收益率的分配原则，进行相应比例的分配。

下面，我们举个实例来说明收益分配的情况：假设投资人投资某私募股权基金 100 万元，5 年期，年化收益率 15%。管理费率 1.5%，外包托管费率 0.05%。

（1）假设设置了门槛收益率 8%，且超额收益按照 2∶8 的比例分配。

第一步，扣除管理费及外包托管费，则：

$$\text{扣除了费用后的年化收益} = （15\%-1.5\%-0.05\%）×100=13.45\%×100=13.45（万元）$$

第二步，分配门槛收益。因为此时的年化收益率 13.45% 大于 8%，则首先返还客户本金 100 万元和门槛收益（8%/年），即：

$$8\%×5×100=40（万元）$$

第三步，分配超额收益。因为 13.45% 大于门槛收益率，所以客户还可以获得超过 8% 的收益中的 80%，计算方法为：

$$\text{超额收益}=（13.45\%-8\%）×80\%×100×5=21.8（万元）$$

这种情况下，客户在 5 年后得到的收益为：

$$\text{总收益}=40+21.8=61.8（万元）$$

所以，本金加收益为 161.8 万元。

（2）假设不设置门槛收益率，年化收益率 15%，按经典的 2∶8 模式分配。扣除了各项费用后每年的收益为：

$$（15\%-1.5\%-0.05\%）×100=13.45（万元）$$

5 年的收益为：

$$13.45×80\%×5=53.8（万元）$$

因此，设置门槛收益率下的总收益高于不设置门槛收益率的总收益。

7.5 实验过程

7.5.1 基金募集来源是自有资金 GP、优先级 LP 时的基金收益分配

当用户选择的基金募集来源是自有资金 GP、优先级 LP（如图

7-1所示）时，基金收益分配页面显示为自有资金GP、优先级LP的分配结构，如图7-2所示。其中，自有资金GP的管理费率为2%/年；投资金额是用户在进行项目投资时实际投资的金额。

基金来源	管理费	投资金额	可用资金	基金盈亏	总资产	偿还顺序	第一轮分配	剩余收益分配	收益合计	第一轮剩余应还	剩余剩余剩余应还
自有资金（GP）	2%/年	1000000					15000000 ☑	11125000 ☑	12125000		
优先级LP	-	9000000		-			129000000 ☑	33375000 ☑	37875000		
总计	0.00		0.00	0.00							

图7-1　基金收益分配——自有资金GP、优先级LP

基金投资收益分配图示⑦

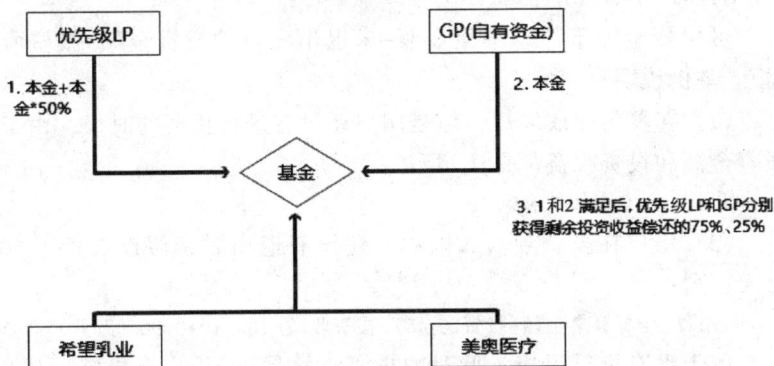

图7-2　基金收益分配结构——自有资金GP、优先级LP

举例说明，比如用户的募集总金额是100万元，用户在投资项目A的时候投资金额是10万元，在募集完成时自有资金GP的占比是10%，优先级LP的占比是90%，则：

自有资金GP的投资金额=10×10%=1（万元）

优先级LP的投资金额=10×90%=9（万元）

合计=1+9=10（万元）

如果又投资了项目B，投资金额是20万元，在募集完成时自有资金GP的占比是10%，优先级LP的占比是90%，则：

$$\frac{\text{自有资金GP}}{\text{的投资金额}} = \frac{\text{项目A的}}{\text{投资金额}} + \text{项目B的投资金额} = 1 + 20 \times 10\% = 1 + 2 = 3（万元）$$

$$= \left(\frac{\text{项目A的}}{\text{投资金额}} + \frac{\text{项目B的}}{\text{投资金额}}\right) \times \frac{\text{自有资金GP的募集}}{\text{金额的占比}}$$

$$=（10+20）\times 0.1 = 3（万元）$$

$$\frac{\text{优先级LP的}}{\text{投资金额}} = \frac{\text{项目A的}}{\text{投资金额}} + \text{项目B的投资金额}$$

$$= 9 + 20 \times 0.9$$

$$= 9 + 18$$

$$= 27（万元）$$

合计=3+27=30（万元）

可用资金等于"总募集金额−未退出项目的投资金额+投资收益"。举例说明：

（1）在募集完成以后，但是用户还没有进行投资的时候，由于投资金额和投资收益都是0，所以：

可用资金=总募集的金额

（2）用户在投资项目A以后，还没有退出时，假设投资了10万元，则：

可用资金=总募集金额−投资的金额+投资收益=100−10+0=90（万元）

由于没有进行退出，此时的投资收益是0。用户在投资项目B以后，假设项目B的投资金额是20万元，则：

可用资金=总募集金额−未退出项目的投资金额+投资收益

$$= 100 - 10 - 20 + 0$$

$$= 70（万元）$$

由于没有进行退出，因此投资收益还是0。

（3）用户在投资项目A、B后，对项目A进行了退出，取得的投资收益是5万元，项目B没有进行退出，则：

可用资金=总募集金额−未退出项目的投资金额+投资收益

$$= 100 - 20 + 5 = 85（万元）$$

需要注意的是：

投资收益=项目的投资金额×退出时该项目的动态收益率×实际投资年限

总投资收益等于各个项目的累计投资收益之和。

基金盈亏包含上述的投资收益，由于投资具有较大的风险和不确定性，因此，项目不仅可能获得收益，也可能面临亏损，即：

基金盈亏=项目的投资金额×退出时该项目的动态收益率×实际投资年限

总基金盈亏=各个项目的累计投资收益之和

总资产=总募集金额+总投资收益

如果没有项目退出，总投资收益为0。

当基金募集的投资结构是自有资金GP和优先级LP时，该基金的管理人默认和优先级LP有最低收益的约定，即进行基金分配时，优先级LP有最低收益的要求，不仅需要获得本金的偿还，还需要同时获得本金最低50%的收益。偿还的顺序为优先偿还优先级LP的本金和最低收益，其次偿还自有资金GP的本金，并且同时支付GP的管理费，即每年2%的管理费用，以总的投资收益作为基准。

由于该基金采用的是基金整体收益法，因此，只有当投资的基金都退出时，才进行投资收益的第一轮分配和剩余收益的分配。基金进行第一轮分配时：

$$\text{优先级LP第一轮分配的金额}=\text{优先级LP募集的金额}+\text{优先级LP募集的金额}\times 50\%$$

$$\text{自有资金GP第一轮分配的金额}=\text{自有资金GP的募集金额}+\text{总的投资收益}\times 2\%/\text{年的管理费率}$$

管理费率是一年2%，按照实际投资年限收取。如果实际投资年限是1年，则管理费就是总的投资收益乘以2%；如果是两年，管理费率是"2%×2=4%"，则：

$$\text{自有资金GP第一轮分配的金额}=\text{自有资金GP的募集的金额}+\text{总的投资收益}\times 4\%\text{的管理费率}$$

总计（列）=优先级LP的分配金额+自有资金GP的分配金额

该基金设置了门槛收益率，以内含收益率是否达到8%作为基准，如果所有项目的内含收益率都小于8%，自有资金GP就不进行剩余收益的分配，也就是所有的剩余收益全部分配给优先级LP。

其中只要有一个项目的内含收益率大于8%，自有资金GP就按照约定比例进行剩余收益的分配。需要说明的是，由于实际投资年限会影响内含收益率的大小，而本基金的实际投资年限通常较短，因此，为了避免自有资金GP获得的投资收益过少，本基金默认只要投资的项目有一个满足内含收益率的标准，自有资金GP即可参与剩余利润的分配。如果内含收益率满足了大于8%的条件后，则：

$$剩余收益=总募集金额+总投资收益-第一轮分配的收益的总计数$$
$$=总资产-第一轮分配的总计数$$

自有资金GP和优先级LP的剩余收益的分配比例是25%和75%，因此：

自有资金GP的剩余收益分配金额=剩余收益×25%

优先级LP的剩余收益分配金额=剩余收益×75%

总计（以列为单位）=自有资金GP的剩余收益+优先级LP的剩余收益

需要说明的是，无论是第一轮分配还是剩余收益的分配，都需要按照偿还顺序进行偿还。

收益合计（以行为单位）：

$$\frac{自有资金GP}{的收益合计}=自有资金GP的第一轮分配的金额+剩余收益分配的金额$$

$$\frac{优先级LP的}{收益合计}=优先级LP的第一轮分配的金额+剩余收益分配的金额$$

第一轮收益应还：

$$\frac{自有资金GP的}{第一轮收益应还金额}=\frac{自有资金GP的第一轮}{收益分配的应还金额}-\frac{用户点击分配按钮后输入}{的已经归还的金额}$$

$$\frac{优先级LP的第一轮}{收益应还金额}=\frac{优先级LP的第一轮收益}{分配的应还金额}-\frac{用户点击分配按钮后输入}{的已经归还的金额}$$

剩余收益应还：

$$\frac{自有资金GP的}{剩余收益应还金额}=\frac{自有资金GP的剩余}{收益分配的金额}-\frac{用户点击分配按钮后输入}{的已经归还的金额}$$

$$\frac{优先级LP的剩余}{收益应还金额}=\frac{优先级LP的剩余}{收益分配的金额}-\frac{用户点击分配按钮后输入}{的已经归还的金额}$$

需要说明的是，如果项目都退出后，所得到的总资产如果不够偿还第一轮分配、第二轮分配，即获得的投资收益较少，偿还第一轮的分配后，可用资金不够偿还第一轮的收益，第一轮未偿还的部分显示在第一轮剩余应还里，则不再进行剩余收益的分配，即剩余收益分配为0。

7.5.2 基金募集来源是自有资金GP、优先级LP、劣后级LP时的基金收益分配

该项的基金收益分配如图7-3所示。

图7-3 基金收益分配——自有资金GP、优先级LP、劣后级LP

该项的基金收益分配结构如图7-4所示。

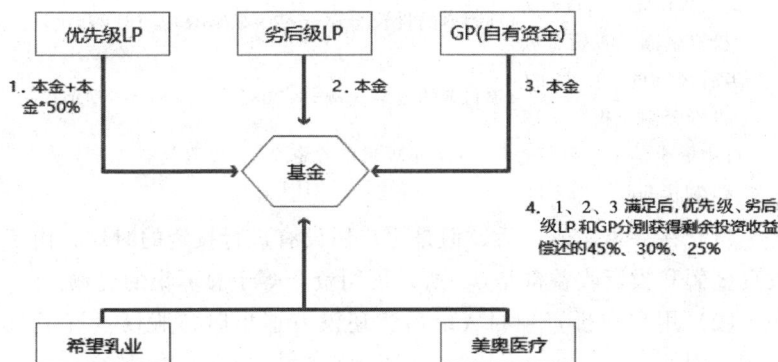

图7-4 基金收益分配结构——自有资金GP、优先级LP、劣后级LP

当用户选择的基金募集来源是自有资金GP、优先级LP、劣后级LP（如图7-3所示）时，基金收益分配页面显示为自有资金

GP、优先级 LP、劣后级 LP 的分配结构如图 7-4 所示。其中，自有资金 GP 的管理费率为 2%/年；投资金额是用户在进行项目投资时实际投资的金额，举例说明，比如用户的募集总金额是 100 万元，用户在投资项目 A 的时候投资金额是 10 万元，在募集完成时自有资金 GP 的占比是 10%，优先级 LP 的占比是 60%，劣后级 LP 的占比是 30%，则：

自有资金 GP 的投资金额=10 万元×10%=1（万元）

优先级 LP 的投资金额=10 万元×60%=6（万元）

劣后级 LP 的投资金额=10 万元×30%=3（万元）

合计=1+6+3=10（万元）

如果又投资了项目 B，投资金额是 20 万元，在募集完成时自有资金 GP 的占比是 10%，优先级 LP 的占比是 60%，劣后级 LP 的占比是 30%，则：

$$\frac{自有资金(GP)的}{投资金额是}+\frac{项目A的}{投资金额}=20×10\%+1=2+1=3（万元）$$

$$=\left(\frac{项目A的}{投资金额}+\frac{项目B的}{投资金额}\right)×\frac{GP的募集}{金额的占比}=（20+10）×0.1=3（万元）$$

$$\frac{优先级LP的}{投资金额}\frac{项目A的}{投资金额}+项目B的投资金额=6+20×0.6=6+12=18（万元）$$

$$\frac{劣后级LP的}{投资金额}=\frac{项目A的}{投资金额}+项目B的投资金额=3+20×30\%=3+6=9（万元）$$

可用资金等于总募集金额−未退出项目的投资金额+投资收益

举例说明：

（1）在募集完成以后，但是用户还没有进行投资的时候，由于投资金额和投资收益都是 0，所以可用资金等于总募集的金额。

（2）用户在投资项目 A 以后，还没有退出时，假设投资了 10 万元，则：

可用资金=总募集金额−投资的金额+投资收益=100−10+0=90（万元）

由于没有进行退出，此时的投资收益是 0。用户在投资项目 B 以后，假设项目 B 的投资金额是 20 万元，则：

可用资金=总募集金额-未退出项目的投资金额+投资收益=100-10-20+0=70（万元）

由于没有进行退出，因此投资收益还是0。

（3）用户在投资项目A、B后，对项目A进行了退出，取得的投资收益是5万元，项目B没有进行退出，则：

可用资金=总募集金额-未退出项目的投资金额+投资收益=100-20+5=85（万元）

需要注意的是：

投资收益=项目的投资金额×退出时该项目的动态收益率×实际投资年限

总投资收益等于各个项目的累计投资收益之和。

基金盈亏包含上述的投资收益，由于投资具有较大的风险和不确定性，因此，项目不仅可能获得收益，也可能面临亏损，即：

基金盈亏=项目的投资金额×退出时该项目的动态收益率×实际投资年限

总基金盈亏=各个项目的累计投资收益之和

总资产=总募集金额+总投资收益

如果没有项目退出，总投资收益为0。

当基金募集的投资结构是自有资金GP、优先级LP、劣后级LP时，该基金的管理人默认和优先级LP有最低收益的约定，即进行基金分配时，优先级LP有最低收益的要求，不仅需要获得本金的偿还，还需要获得本金最低50%的收益。偿还的顺序为优先偿还优先级LP的本金和最低收益，其次偿还劣后级LP的本金，最后偿还自有资金GP的本金，并且同时支付GP的管理费，即每年2%的管理费用，以总的投资收益作为基准。

由于该基金采用的是基金整体收益法，因此，只有当投资的基金都退出时，才进行投资收益的第一轮分配和剩余收益的分配。基金进行第一轮分配时：

优先级LP第一轮分配的金额=优先级LP募集的金额+优先级LP募集的金额×50%

劣后级LP第一轮分配的金额=劣后级LP募集的金额

自有资金GP第一轮分配的金额=自有资金GP的募集金额+总的投资收益×2%

管理费率是一年2%，按照实际投资年限收取，如果实际投资年限是 1 年，则管理费就是总的投资收益乘以 2%；如果是两年，管理费率是"2%×2=4%"，则：

$$\begin{array}{c}\text{自有资金GP第一轮}\\\text{分配的金额}\end{array} = \begin{array}{c}\text{自有资金GP}\\\text{的募集的金额}\end{array} + \text{总的投资收益}×4\%\text{的管理费率}$$

$$\text{总计（列）} = \begin{array}{c}\text{优先级LP}\\\text{的分配金额}\end{array} + \text{劣后级LP的分配金额} + \text{自有资金GP的分配金额}$$

该基金设置了门槛收益率，以内含收益率是否达到 8% 作为基准，如果所有项目的内含收益率都小于 8%，自有资金 GP 就不进行剩余收益的分配，也就是所有的剩余收益分配给优先级 LP 和劣后级 LP。其中只要有一个项目的内含收益率大于 8%，自有资金 GP 就按照约定比例进行剩余收益的分配。需要说明的是，由于实际投资年限会影响内含收益率的大小，而本基金的实际投资年限通常较短。因此，为了避免自有资金 GP 获得的投资收益过少，本基金默认只要投资的项目有一个满足内含收益率的标准，自有资金 GP 即可参与剩余利润的分配。如果满足了内含收益率大于 8% 的要求，则：

$$\text{剩余收益} = \text{总募集金额} + \text{总投资收益} - \text{第一轮分配的收益的总计数}$$
$$= \text{总资产} - \text{第一轮分配的总计数}$$

自有资金 GP、优先级 LP、劣后级 LP 的剩余收益的分配比例是 25%、45%、30%，因此：

$$\text{自有资金GP的剩余收益分配金额} = \text{剩余收益}×25\%$$

$$\text{优先级LP的剩余收益分配金额} = \text{剩余收益}×45\%$$

$$\text{劣后级LP的剩余收益分配金额} = \text{剩余收益}×30\%$$

$$\text{总计（以列为单位）} = \text{自有资金GP的剩余收益} + \text{优先级LP的剩余收益}$$

如果内含收益率未大于 8%，剩余收益仅分配给优先级 LP 和劣后级 LP，分配比例分别是 80% 和 20%，即：

$$\begin{array}{c}\text{优先级LP的}\\\text{剩余收益分配}\end{array} = \text{剩余收益}×80\%，\text{劣后级LP的剩余收益分配} = \text{剩余收益}×20\%$$

需要说明的是，无论是第一轮分配还是剩余收益的分配，都需要按照偿还顺序进行偿还。

收益合计（以行为单位）为：

自有资金GP
的收益合计 ＝自有资金GP的第一轮分配的金额+剩余收益分配的金额

优先级LP的收益合计=优先级LP的第一轮分配的金额+剩余收益分配的金额

劣后级LP的收益合计=劣后级LP的第一轮分配的金额+剩余收益分配的金额

第一轮收益应还：

$$\text{自有资金GP的第一轮收益应还金额} = \text{自有资金GP的第一轮收益分配的应还金额} - \text{用户点击分配按钮后输入的已经归还的金额}$$

$$\text{优先级LP的第一轮收益应还金额} = \text{优先级LP的第一轮收益分配的应还金额} - \text{用户点击分配按钮后输入的已经归还的金额}$$

$$\text{劣后级LP的第一轮收益应还金额} = \text{劣后级LP的第一轮收益分配的应还金额} - \text{用户点击分配按钮后输入的已经归还的金额}$$

剩余收益应还：

$$\text{自有资金GP的剩余收益应还金额} = \text{自有资金GP的剩余收益分配的金额} - \text{用户点击分配按钮后输入的已经归还的金额}$$

$$\text{优先级LP的剩余收益应还金额} = \text{优先级LP的剩余收益分配的金额} - \text{用户点击分配按钮后输入的已经归还的金额}$$

$$\text{劣后级LP的剩余收益应还金额} = \text{劣后级LP的剩余收益分配的金额} - \text{用户点击分配按钮后输入的已经归还的金额}$$

需要说明的是，所得到的总资产如果不够偿还第一轮分配、第二轮分配，即获得的投资收益较少，先偿还第一轮的分配，可用资金不够偿还第一轮的收益，第一轮未偿还的部分显示在第一轮剩余应还里，则不再进行剩余收益的分配，即剩余收益分配为0。

7.5.3 基金募集来源是自有资金GP、优先级LP、银行借款时的基金收益分配

当用户选择的基金募集来源是自有资金GP、优先级LP、银行借款（如图7-5所示）时，基金收益分配页面显示为自有资金GP、优先级LP、银行借款的分配结构，如图7-6所示。其中，自有资金GP的管理费率为2%/年。投资金额是用户在进行项目投资时实际投资的金额。

该项的基金收益分配结构如图7-5所示：

图7-5　基金收益分配——自有资金GP、优先级LP、银行借款

基金投资收益分配图示

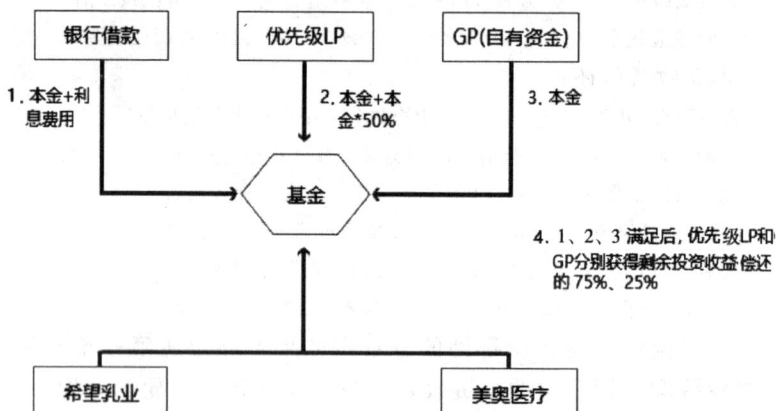

图7-6　基金收益分配结构——自有资金GP、优先级LP、银行借款

举例说明，比如用户的募集总金额是100万元，用户在投资项目A的时候投资金额是10万元，在募集完成时自有资金GP的占比是10%，优先级LP的占比是60%，银行借款的占比是30%，则：

自有资金GP的投资金额=10×10%=1（万元）

优先级LP的投资金额是10×60%=6（万元）

银行借款的投资金额是10×30%=3（万元）

合计=1+6+3=10（万元）

如果又投资了项目B，投资金额是20万元，在募集完成时自有资金GP的占比是10%，优先级LP的占比是60%，银行借款的占比

是 30%，则：

自有资金 GP 的投资金额=项目 A 的投资金额+项目 B 的投资金额

=1+20×10%

=1+2

=3（万元）

=（项目 A 的投资金额+项目 B 的投资金额）×GP 的募集金额的占比

=（20+10）×10%

=3（万元）

优先级 LP 的投资金额=项目 A 的投资金额+项目 B 的投资金额

=6+20×60%

=6+12

=18（万元）

银行借款的投资金额=项目 A 的投资金额+项目 B 的投资金额

=3+20×30%

=3+6

=9（万元）

可用资金=总募集金额−未退出项目的投资金额+投资收益

举例说明：

（1）在募集完成以后，但是用户还没有进行投资的时候，由于投资金额和投资收益都是 0，所以可用资金等于总募集的金额。

（2）用户在投资项目 A 以后，还没有退出时，假设投资了 10 万元，则：

可用资金=总募集金额−投资的金额+投资收益=100−10+0=90（万元）

由于没有进行退出，此时的投资收益是 0。

用户在投资项目 B 以后，假设项目 B 的投资金额是 20 万元，则：

可用资金=总募集金额−未退出项目的投资金额+投资收益

=100−10−20+0

=70（万元）

由于没有进行退出，因此投资收益还是 0。

（3）用户在投资项目 A、B 后，对项目 A 进行了退出，取得的投资收益是 5 万元，项目 B 没有进行退出，则：

可用资金=总募集金额−未退出项目的投资金额+投资收益

=100−20+5

=85（万元）

需要注意的是：

投资收益=项目的投资金额×退出时该项目的动态收益率×实际投资年限

总投资收益等于各个项目的累计投资收益之和。

基金盈亏包含上述的投资收益，由于投资具有较大的风险和不确定性，因此，项目不仅可能获得收益，也可能面临亏损，即：

基金盈亏=项目的投资金额×退出时该项目的动态收益率×实际投资年限

总基金盈亏=各个项目的累计投资收益之和

总资产=总募集金额+总投资收益

如果没有项目退出，总投资收益为 0。

当基金募集的投资结构是自有资金 GP、优先级 LP、银行借款时，该基金的管理人默认和优先级 LP 有最低收益的约定，即进行基金分配时，优先级 LP 有最低收益的要求，不仅需要获得本金的偿还，还需要获得本金 50% 的最低收益。偿还的顺序为银行借款的本金和利息之和，其次偿还优先级 LP 的本金和最低收益，最后偿还自有资金 GP 的本金，同时支付 GP 的管理费，即每年 2% 的管理费用，以总的投资收益作为基准。

由于该基金采用的是基金整体收益法，因此，只有当投资的基金都退出时，才进行投资收益的第一轮分配和剩余收益的分配。基金进行第一轮分配时：

银行借款第一轮分配的金额=银行借款的募集的金额+利息

=银行借款募集的金额×募集的金额×利率

需要说明的是，利息费用是投资的金额乘以用户在募集资金时选择的银行借款的年限所对应的利率。假设投资金额是 100 万元，银行借款选择的是2年，利率为4.75%，则：

利息=100×4.75%=4.75（万元）

$$\frac{\text{优先级LP第一轮}}{\text{分配的金额}} = \frac{\text{优先级LP募集}}{\text{的金额}} + \text{优先级LP募集的金额} \times 50\%$$

$$\frac{\text{自有资金GP第一轮}}{\text{分配的金额}} = \frac{\text{自有资金GP的}}{\text{募集金额}} + \text{总的投资收益} \times 2\%/\text{年的管理费率}$$

管理费率是一年2%，按照实际投资年限收取。如果实际投资年限是1年，则管理费就是总的投资收益乘以2%，如果是两年，管理费率是2%×2=4%，则：

$$\frac{\text{自有资金GP第一轮}}{\text{分配的金额}} = \frac{\text{自有资金GP}}{\text{的募集的金额}} + \text{总的投资收益} \times 4\% \text{的管理费率}$$

$$\text{总计（列）} = \frac{\text{优先级LP}}{\text{的分配金额}} + \text{银行借款的分配金额} + \text{自有资金GP的分配金额}$$

该基金设置了门槛收益率，以内含收益率是否达到8%作为基准，如果所有项目的内含收益率都小于8%，自有资金GP就不进行剩余收益的分配，由于银行借款属于债权人，因此也不参与剩余利润的分配，也就是所有的剩余收益全部分配给优先级LP。其中只要有一个项目的内含收益率大于8%，自有资金GP就按照约定比例进行剩余收益的分配。需要说明的是，由于实际投资年限会影响内含收益率的大小，而本基金的实际投资年限通常较短，因此，为了避免自有资金GP获得的投资收益过少，本基金默认只要投资的项目有一个满足内含收益率的标准，自有资金GP即可参与剩余利润的分配。如果满足了内含收益率大于8%的要求：

剩余收益=总募集金额+总投资收益−第一轮分配的收益的总计数

=总资产−第一轮分配的总计数

自有资金GP、优先级LP剩余收益的分配比例是25%、75%，因此：

自有资金GP的剩余收益分配金额=剩余收益×25%

优先级LP的剩余收益分配金额=剩余收益×75%

总计（以列为单位）=自有资金GP的剩余收益+优先级LP的剩余收益

如果内含收益率未大于 8%，剩余收益仅分配给优先级 LP。需要说明的是，无论是第一轮分配还是剩余收益的分配，都需要按照偿还顺序进行偿还。

收益合计（以行为单位）：

$$\begin{matrix}\text{自有资金GP}\\\text{的收益合计}\end{matrix}=\text{自有资金 GP 的第一轮分配的金额}+\text{剩余收益分配的金额}$$

$$\begin{matrix}\text{优先级LP}\\\text{的收益合计}\end{matrix}=\text{优先级 LP 的第一轮分配的金额}+\text{剩余收益分配的金额}$$

$$\begin{matrix}\text{银行借款的}\\\text{收益合计}\end{matrix}=\text{银行借款的第一轮分配的金额}+\text{剩余收益分配的金额}$$

第一轮收益应还：

$$\begin{matrix}\text{自有资金GP第一轮}\\\text{收益的应还金额}\end{matrix}=\begin{matrix}\text{自有资金GP的第一轮}\\\text{收益分配的应还金额}\end{matrix}-\begin{matrix}\text{用户点击分配按钮后}\\\text{输入的已经归还的金额}\end{matrix}$$

$$\begin{matrix}\text{优先级LP第一轮}\\\text{收益的应还金额}\end{matrix}=\begin{matrix}\text{优先级LP的第一轮}\\\text{收益分配的应还金额}\end{matrix}-\begin{matrix}\text{用户点击分配按钮后}\\\text{输入的已经归还的金额}\end{matrix}$$

$$\begin{matrix}\text{银行借款第一轮}\\\text{收益的应还金额}\end{matrix}=\begin{matrix}\text{银行借款的第一轮}\\\text{收益分配的应还金额}\end{matrix}-\begin{matrix}\text{用户点击分配按钮后}\\\text{输入的已经归还的金额}\end{matrix}$$

剩余收益应还：

$$\begin{matrix}\text{自有资金GP}\\\text{剩余收益的应还金额}\end{matrix}=\begin{matrix}\text{自有资金GP的}\\\text{剩余收益分配的金额}\end{matrix}-\begin{matrix}\text{用户点击分配按钮后}\\\text{输入的已经归还的金额}\end{matrix}$$

$$\begin{matrix}\text{优先级LP}\\\text{剩余收益的应还金额}\end{matrix}=\begin{matrix}\text{优先级LP的}\\\text{剩余收益分配的金额}\end{matrix}-\begin{matrix}\text{用户点击分配按钮后}\\\text{输入的已经归还的金额}\end{matrix}$$

需要说明的是，如果项目都退出后，所得到的总资产不够偿还第一轮分配、第二轮分配，即获得的投资收益较少，偿还第一轮的分配后，可用资金不够偿还第一轮的收益，第一轮未偿还的部分显示在第一轮剩余应还里，则不再进行剩余收益的分配，即剩余收益分配为 0。

7.5.4　基金募集来源是自有资金 GP、优先级 LP、劣后级 LP、银行借款时的基金收益分配

该项基金收益如图 7-7 所示：

资金来源	管理费	投资金额	可用商金	基金盖号	总资产	偿还顺序	第一轮分配	剩余收益分配	收益合计	第一轮剩余应还	剩余收益剩余应还
自有资金(GP)	2%/年	1000000		· ·			10000000 ☑	11125000 ☑	12125000		
优先级LP	·	9000000					12000000 ☑	33375000 ☑	37875000		
劣后级LP	·										
银行借款											
合计											

图7-7　基金收益分配——自有资金GP、优先级LP、劣后级LP、银行借款

该项基金收益结构如图7-8所示：

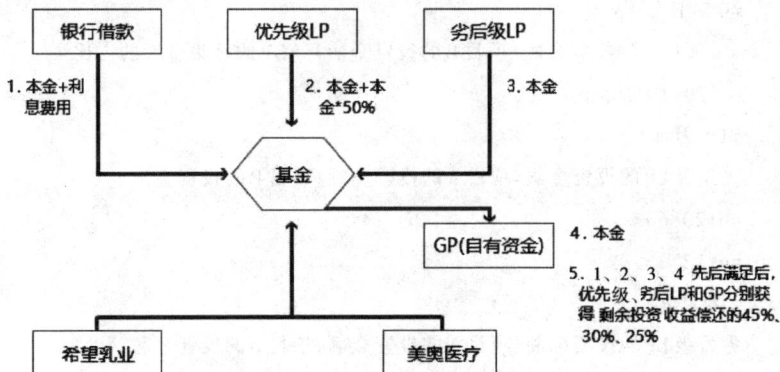

图7-8　基金收益分配结构——自有资金GP、优先级LP、劣后级LP、银行借款

　　当用户选择的基金募集来源是自有资金GP、优先级LP、劣后级LP、银行借款（如图7-7所示）时，基金收益分配页面显示为自有资金GP、优先级LP、劣后级LP、银行借款的分配结构，如图7-8所示。其中，自有资金GP的管理费为2%/年；投资金额是用户在进行项目投资时实际投资的金额。

　　举例说明，比如用户的募集总金额是100万元，用户在投资项目A的时候投资金额是10万元，在募集完成时自有资金GP的占比是5%，优先级LP的占比是60%，劣后级LP的占比是30%，银行借款的占比是5%，则：

　　自有资金GP的投资金额=10×5%=0.5（万元）

优先级LP的投资金额=10×60%=6（万元）

劣后级LP的投资金额=10×30%=3（万元）

银行借款的投资金额=10×5%=0.5万元

合计=0.5+6+3+0.5=10（万元）

如果又投资了项目B，投资金额是20万元，在募集完成时自有资金GP的占比是5%，优先级LP的占比是60%，劣后级LP的占比是30%，银行借款的占比是5%，则：

自有资金GP的投资金额=投资项目A的金额+投资项目B的金额

=0.5+20×5%

=0.5+1

=（项目A的投资金额+项目B的投资金额）×GP的募集金额的占比

=（20+10）×5%

=1.5(万元)

优先级LP的投资金额=项目A的投资金额+项目B的投资金额

=6+20×60%

=6+12

=18(万元)

劣后级LP的投资金额=项目A的投资金额+项目B的投资金额

=3+20×30%

=3+6

=9(万元)

银行借款的投资金额=项目A的投资金额+项目B的投资金额

=0.5+20×5%

=0.5+1

=1.5(万元)

可用资金=总募集金额−未退出项目的投资金额+投资收益

举例说明：

（1）在募集完成以后，但是用户还没有进行投资的时候，由于投资金额和投资收益都是0，所以可用资金等于总募集的金额。

（2）用户在投资项目 A 以后，还没有退出时，假设投资了 10 万元，则：

可用资金=总募集金额−投资的金额+投资收益

=100−10+0

=90（万元）

由于没有进行退出，此时的投资收益是 0。用户在投资项目 B 以后，假设项目 B 的投资金额是 20 万元，则：

可用资金=总募集金额−未退出项目的投资金额+投资收益

=100−10−20+0

=70（万元）

由于没有进行退出，因此投资收益还是 0。

（3）用户在投资项目 A、B 后，对项目 A 进行了退出，取得的投资收益是 5 万元，项目 B 没有进行退出，则：

可用资金=总募集金额−未退出项目的投资金额+投资收益

=100−20+5

=85（万元）

需要注意的是：

投资收益=项目的投资金额×退出时该项目的动态收益率乘以实际投资年限

总投资收益等于各个项目的累计投资收益之和。

基金盈亏包含上述的投资收益，由于投资具有较大的风险和不确定性，因此，项目不仅可能获得收益，也可能面临亏损，即：

基金盈亏=项目的投资金额×退出时该项目的动态收益率×实际投资年限

总基金盈亏=各个项目的累计投资收益之和

总资产=总募集金额+总投资收益

如果没有项目退出，总投资收益为 0。

当基金募集的投资结构是自有资金 GP、优先级 LP、劣后级 LP、银行借款时，该基金的管理人默认和优先级 LP 有最低收益的约定，即进行基金分配时，优先级LP有最低收益的要求，不仅需要获得本金的偿还，还需要获得本金最低50%的收益。偿还的顺序为银行借款的本金和利息之和，其次偿还优先级LP的本金和最低收益，然后偿还劣后级LP的本金，最后偿还自有资金GP的本金，并且同时支付GP的管理费，即每年2%的管理费用，以总的投资收益作为基准。

由于该基金采用的是基金整体收益法，因此，只有当投资的基金都退出时，才进行投资收益的第一轮分配和剩余收益的分配。基金进行第一轮分配时，银行借款第一轮分配的金额等于银行借款的募集的金额加利息，即：

银行借款第一轮分配的金额=银行借款募集的金额×募集的金额×利率

需要说明的是，利息费用是投资的金额乘以用户在募集资金时选择的银行借款的年限所对应的利率，假设投资金额是100万元，银行借款选择的是2年，利率=4.75%，则：

利息=100×4.75%=4.75（万元）

优先级LP第一轮分配的金额 = 优先级LP募集的金额+优先级LP募集的金额×50%

劣后级LP第一轮分配的金额=劣后级LP募集的金额

自有资金GP第一轮分配的金额 = 自有资金GP的募集金额+总的投资收益×2%/年的管理费率

管理费率是2%一年，按照实际投资年限收取，如果实际投资年限是1年，则管理费就是总的投资收益乘以2%，如果是两年，管理费率是"2%×2=4%"，则：

自有资金GP第一轮分配的金额 = 自有资金GP的募集金额+总的投资收益×4%的管理费率

总计（列）= 优先级LP的分配金额 + 劣后级LP的分配金额 + 银行借款的分配金额 + 自有资金GP的分配金额

该基金设置了门槛收益率，以内含收益率是否达到8%作为基准，如果所有项目的内含收益率都小于8%，自有资金GP就不进行剩余收益的分配，由于银行借款属于债权人，因此也不参与剩余利润的分配，也就是所有的剩余收益分配给优先级 LP 和劣后级 LP，分配比例分别是80%和20%。其中只要有一个项目的内含收益率大于8%，自有资金 GP 就按照约定比例进行剩余收益的分配。需要说明的是，由于实际投资年限会影响内含收益率的大小，而本基金的实际投资年限通常较短，因此，为了避免自有资金 GP 获得的投资收益过少，本基金默认只要投资的项目有一个满足内含收益率的标准，自有资金 GP 即可参与剩余利润的分配。如果满足了内含收益率大于8%的要求，则：

$$\text{剩余收益}=\frac{\text{总募集}}{\text{金额}}+\text{总投资收益}-\frac{\text{第一轮分配的}}{\text{收益的总计数}}=\text{总资产}-\frac{\text{第一轮分配}}{\text{的总计数}}$$

自有资金 GP、优先级 LP、劣后级 LP 剩余收益的分配比例是25%、45%、30%，因此：

自有资金 GP 的剩余收益分配金额=剩余收益×25%

优先级 LP 的剩余收益分配金额=剩余收益×45%

劣后级 LP 的剩余收益分配金额=剩余收益×30%

$$\text{总计（以列为单位）}=\frac{\text{自有资金 GP}}{\text{的剩余收益}}+\frac{\text{优先级 LP}}{\text{的剩余收益}}+\text{劣后级 LP 的剩余收益}$$

如果内含收益率未大于8%，剩余收益仅分配给优先级 LP、劣后级 LP。需要说明的是，无论是第一轮分配还是剩余收益的分配，都需要按照偿还顺序进行偿还。

收益合计（以行为单位）：

$$\frac{\text{自有资金 GP}}{\text{的收益合计}}=\text{自有资金 GP 的第一轮分配的金额+剩余收益分配的金额}$$

$$\frac{\text{优先级 LP}}{\text{的收益合计}}=\text{优先级 LP 的第一轮分配的金额+剩余收益分配的金额}$$

$$\frac{\text{劣后级 LP}}{\text{的收益合计}}=\text{劣后级 LP 的第一轮分配的金额+剩余收益分配的金额}$$

$$\frac{\text{银行借款}}{\text{的收益合计}}=\text{银行借款的第一轮分配的金额+剩余收益分配的金额}$$

第一轮收益应还：

$$\frac{自有资金GP第一轮收益的应还金额}{} = \frac{自有资金GP的第一轮收益分配的应还金额}{} - \frac{用户点击分配按钮后输入的已经归还的金额}{}$$

$$\frac{优先级LP第一轮收益的应还金额}{} = \frac{优先级LP的第一轮收益分配的应还金额}{} - \frac{用户点击分配按钮后输入的已经归还的金额}{}$$

$$\frac{劣后级LP第一轮收益的应还金额}{} = \frac{劣后级LP的第一轮收益分配的应还金额}{} - \frac{用户点击分配按钮后输入的已经归还的金额}{}$$

$$\frac{银行借款第一轮收益的应还金额}{} = \frac{银行借款的第一轮收益分配的应还金额}{} - \frac{用户点击分配按钮后输入的已经归还的金额}{}$$

剩余收益应还：

$$\frac{自有资金GP剩余收益的应还金额}{} = \frac{自有资金GP剩余收益分配的金额}{} - \frac{用户点击分配按钮后输入的已经归还的金额}{}$$

$$\frac{优先级LP剩余收益的应还金额}{} = \frac{优先级LP剩余收益分配的金额}{} - \frac{用户点击分配按钮后输入的已经归还的金额}{}$$

$$\frac{劣后级LP剩余收益的应还金额}{} = \frac{劣后级LP剩余收益分配的金额}{} - \frac{用户点击分配按钮后输入的已经归还的金额}{}$$

需要说明的是，如果项目都退出后，所得到的总资产不够偿还第一轮分配、第二轮分配时，即获得的投资收益较少，先偿还第一轮的分配，可用资金不够偿还第一轮的收益，第一轮未偿还的部分显示在第一轮剩余应还里，则不再进行剩余收益的分配，即剩余收益分配为0。

7.6　实验报告

（1）进入天择投资银行业务教学系统，一个小组完成两个不同项目的项目收益分配，截图粘贴，并附计算过程。

（2）基于项目收益分配结果，分析收益是否达到预期效果。

（3）项目小结。

参考文献

［1］中国证券投资基金业协会．证券投资基金［M］．2版．北京：高等教育出版社，2023.

［2］中国证券业协会．金融市场基础知识［M］．北京：中国财政经济出版社，2023.

［3］韩曙平，黄萍．证券投资综合实训教程［M］．3版．大连：东北财经大学出版社，2023.

［4］周莉．投资银行学［M］．5版．北京：高等教育出版社，2021.

［5］郭永清．财务报表分析与股票估值［M］．2版．北京：机械工业出版社，2021.

［6］胡金焱．证券投资学［M］．4版．北京：高等教育出版社，2021.

［7］贺学会．证券投资学［M］．3版．大连：东北财经大学出版社，2019.

［8］朱顺泉．私募股权投资理论与应用［M］．北京：清华大学出版社，2016.

［9］卡明．私募股权投资：基金类型、风险与收益以及监管［M］．孙春民，杨娜，译．北京：中国金融出版社，2016.

[10] 王火根. 金融学综合实验 [M]. 大连：东北财经大学出版社，2016.

[11] 胡海峰. 风险投资学 [M]. 4版. 北京：首都经济贸易大学出版社，2016.

[12] 勒纳，利蒙，哈迪蒙. 风险投资、私募股权与创业融资 [M]. 路跃兵，刘晋泽，译. 北京：清华大学出版社，2015.

[13] 何宇. 私募股权投融资教程 [M]. 北京：北京大学出版社，2015.

[14] 马晓军. 投资银行学理论与案例 [M]. 2版. 北京：机械工业出版社，2014.